Fiction & Cie

Patrick Deville

SAINT-NAZAIRE

est un roman sans fiction

Seuil

57, rue Gaston-Tessier, Paris XIXᵉ

COLLECTION
« Fiction & Cie »
fondée par Denis Roche
dirigée par Bernard Comment

ISBN 978-2-02-157534-7

www.seuil.com

Ce matin à six heures, comme j'allais prendre le bateau à vapeur pour Paimbœuf et Saint-Nazaire, ce café sur lequel j'avais compté m'a présenté ses portes hermétiquement fermées.

STENDHAL, *Voyages en France*, 1838

les deux rives

Il est toujours agaçant d'être né quelque part. On ne choisit ni le siècle ni le lieu. Pas non plus la langue maternelle. Il est davantage ridicule de s'en prévaloir, n'y étant pour rien. Je ne suis pas né à Saint-Nazaire. Peu s'en fallut.

Un enfant ballotté par la guerre devint mon père. Après la fuite à pied sur les routes de l'exode depuis le Nord avec sa mère et sa sœur, le camp de triage des réfugiés à Paris, leur envoi dans le Midi, les maquis du Lot jusqu'à la libération de Cahors, il avait trouvé un emploi dans le Lazaret de Mindin en face de Saint-Nazaire. Cet ancien lieu de quarantaine pour marins infectés, devenu camp de prisonniers après la reddition allemande, assemblait depuis un hôpital psychiatrique et un asile de vieillards. Si on y mourait beaucoup personne n'y naissait.

Ma mère s'était installée là après leur mariage en janvier 1957. Ils habitaient une aile de la « Porte monumentale » qui donnait sur le fleuve.

Traverser celui-ci en décembre sur les flots houleux pour gagner la maternité de Saint-Nazaire était déconseillé. Elle choisit celle de Paimbœuf, sur la rive gauche, à quelques kilomètres par la route en amont. Pendant une petite semaine, je fus paimblotin.

À vol d'oiseau, notre Lazaret était à mi-chemin des deux ports de Paimbœuf et de Saint-Nazaire, celui de la marine en bois et celui de la marine en fer, celui de l'avenir et celui du passé.

Depuis longtemps la partie était jouée. L'Empereur descend la Loire en août 1808, vient inspecter à Paimbœuf le chantier de la frégate *La Méduse*. Depuis mai c'est la guerre d'Espagne qu'allait écrire Chateaubriand et peindre Goya. Elle est mal engagée. La construction de la flotte de guerre prend du retard. Napoléon traverse l'estuaire debout à la proue du canot impérial, la main droite à plat sur l'estomac, coiffé du bicorne et scrutant la rive nord. Il y retrouve ses ingénieurs navals Groleau et Goury : « Paimbœuf ne peut se prêter qu'à la construction de frégates, la pointe de Mindin sur la rive gauche et Bonne-Anse sur la rive droite se refusent à tout établissement maritime. L'anse de Saint-Nazaire est la seule disposée pour recevoir le bassin projeté. »

Passé le glorieux temps des armateurs et des charpentiers de marine, Paimbœuf était à la fin de ces années cinquante une ville pauvre autour de son usine de produits chimiques Kuhlmann. De l'autre côté de l'estuaire, les saint-simoniens sous le Second Empire avaient ouvert de vastes chantiers navals et lançaient des paquebots transatlantiques. Plus tard le *Normandie* entre les deux guerres. On y bâtissait le *France* quand je naissais à Paimbœuf. Mais c'est plus tard qu'on apprend tout ça, plus tard qu'on lit la bibliothèque, plus tard qu'on découvre, étonné, que ces lieux existaient avant qu'on ne les vît soi-même.

Béatrix n'est pas le premier roman qu'on ouvre de Balzac. C'est pourtant dans celui-ci qu'on apprend, comme si on ne le savait déjà, que « Saint-Nazaire est séparé de Paimbœuf par l'embouchure de la Loire, qui a quatre lieues de largeur. La barre de la Loire rend assez capricieuse la navigation des bateaux à vapeur ; mais par surcroît d'empêchements, il n'existait pas de débarcadère en 1829 à la pointe de Saint-Nazaire, et cet endroit était orné des roches gluantes, des récifs granitiques, des pierres colossales qui servent de fortifications naturelles à sa pittoresque église et qui forçaient les voyageurs à se jeter dans des barques avec leurs paquets quand la mer était agitée, ou quand il faisait beau d'aller à travers les écueils jusqu'à la jetée que le génie construisait alors ».

On comprend que Stendhal aurait bien aimé

s'enfiler un petit remontant avant de tenter à son tour l'aventure.

Parce qu'on est resté des années immobile à regarder glisser les bateaux devant l'étroite fenêtre d'une aile de la Porte monumentale du Lazaret ouvrant sur le fleuve, qu'on demeure fasciné par ce cadre rectangulaire de l'enfance, on cherche, au fil des pages et des rayonnages.

Dix ans après Balzac, et un an après Stendhal, à l'été de 1839, le jeune Jules Verne s'enfuit de la maison paternelle à Chantenay en aval de Nantes. Il a onze ans, embarque comme mousse à bord de la *Coralie*. Il veut aller jusqu'aux îles et rapporter un collier de corail pour sa cousine Caroline. Son père le rattrape à la première escale de Paimbœuf. C'est un an plus tard que l'enfant verra la mer pour la première fois, « voici Saint-Nazaire, son embryon de jetée, sa vieille église avec son clocher d'ardoises », l'enfant exulte, « enfin j'avais vu la mer, ou tout au moins la vaste baie qui s'ouvre sur l'Océan entre les extrêmes pointes du fleuve ».

Verne éprouve le même vertige à contempler les lieux de ses devanciers. Il lira le *Voyage autour du monde* de Louis-Antoine de Bougainville un siècle avant lui. La *Boudeuse* croisait entre Saint-Nazaire et Mindin, s'en allait découvrir l'île de Tahiti.

Ces « roches gluantes » selon Balzac protégeaient une « église pittoresque » dont Grégoire de

Tours mentionne au sixième siècle qu'elle abritait des reliques de saint Nazaire : tout cela, église et roches et reliques, a disparu dans le creusement des écluses qui allait faire de ce lieu l'île artificielle du Petit-Maroc, peut-être par la déformation du breton Ti Ar-roc'h, « la maison sur la roche », ou la présence de sardiniers marocains. Les seuls étrangers étaient alors des marins-pêcheurs. La vie était austère et âpre, méfiante de l'extérieur.

De cet isolement, Balzac encore est le témoin. Il écrit que « les habitants de ce territoire, que vous verrez découpé comme une dent sur la carte de France, compris entre Saint-Nazaire, le bourg de Batz et Le Croisic, s'accommodent assez de ces difficultés qui défendent l'approche de leur pays aux étrangers ». Longtemps ces paysans du marais de Brière qui deviendraient ouvriers aux chantiers navals se sont sentis à l'écart du monde. Saint-Nazaire était une ville qui ne faisait rien pour séduire, un lieu de labeur et de vent, une ville plus tard meurtrie, rayée de la carte par les bombardements alliés de 1943, parce que la base sous-marine nazie était indestructible, une ville plus tard redessinée à angles droits par l'urbaniste Noël Le Maresquier, jusqu'en 1978.

On associe peu, ou associait peu, dans l'imaginaire national, au nom de Saint-Nazaire le tourisme balnéaire. Et pourtant l'été, tout au long de la côte sud, du Petit-Maroc jusqu'à la plage de

Monsieur Hulot, c'étaient l'alternance des dunes et des écroulements de rocs à la verticale du chemin des douaniers au-dessus des baies ensoleillées, les criques sauvages vers lesquelles descendent des escaliers abrupts, celle de Bonne-Anse et celle, secrète et préférée, dont je tairai le nom, le sentier vers l'ouest jusqu'à Pornichet, l'anse sableuse de Kerlédé, les falaises fleuries d'ajoncs au bout des pinèdes et les eaux vertes et bleues transparentes.

Parfois, le soir, je prenais un verre au dernier étage du Building avec Joël Batteux. Depuis ce nid d'aigle où il élevait des poules sur sa vaste terrasse en plein ciel, comme depuis la passerelle au-dessus du pont supérieur d'un navire dont il était le capitaine, nous observions, un verre de whisky à la main, la ville en bas devant nous, ce port que nous aimions peut-être d'autant plus que ni lui ni moi n'étions nazairiens de naissance, que c'est peu à peu que s'étaient tissés nos liens avec cette ville dont il fut maire pendant plus de trente ans. Souvent il pestait contre ce complexe nazairien d'infériorité, une ville de gens modestes, une ville sans bourgeois. Ceux-là vivaient à Nantes et l'été à La Baule, du temps que la classe ouvrière existait encore, dans un mépris et une ignorance réciproques, La Baule et Saint-Nazaire sur l'Atlantique comme Gdansk et Sopot sur la Baltique, à quelques kilomètres les palaces et les chantiers.

On lui devait la métamorphose urbaine, l'idée de commander à l'architecte Claude Vasconi, après le Forum des Halles à Paris, de venir construire ici le « Paquebot » en 1987 au milieu de la très longue avenue de la République qui joignait rectiligne la gare à la mairie. Ces voies trop larges de Le Maresquier où s'engouffraient les bourrasques avaient été tracées pour l'auto, qui peu à peu se voyaient doublées de pistes cyclables et d'une végétation foisonnante. Le projet Ville-Port avait au début du siècle rapproché le centre des docks. Saint-Nazaire s'était à nouveau tournée vers la mer.

Ce « Building », élevé dans les années cinquante avec les crédits des dommages de guerre, demeurait avec ses onze étages le point culminant, où nous fumions accoudés à la rambarde, à la verticale, la nuit, de l'eau noire du bassin, du pont levant sur l'écluse, des petits chalutiers endormis. Lui-même navigateur à la voile, il avait convaincu les organisateurs de courses transatlantiques de choisir ce bassin comme lieu de départ ou d'arrivée et pris part à l'une d'elles. Jouant sur les quatre lettres de la SNSM, la Société nationale des sauveteurs en mer, une course reliait en 2005 une autre SNSM – Saint-Nazaire Saint-Malo –, par la pointe de la Bretagne et le rail d'Ouessant, plus de deux cent quatre-vingts milles marins, plus de cinq cents kilomètres. Yvan Bourgnon, navigateur suisse de La Chaux-de-Fonds arrivé adolescent à

Saint-Brévin-l'Océan de l'autre côté de l'eau, au sud de Mindin, dans ce club nautique où j'avais appris adolescent à barrer, en avait établi le record en moins de quatorze heures.

Ces nuits-là, au-dessus du port au milieu de la ville, après que poules et goélands s'étaient tus, nous admirions en silence les quais, les grues sur rails, le bel arrondi si touchant devant l'ancien terminal frigorifique et derrière lui la base sous-marine allemande. À main droite, au-delà du phare du Petit-Maroc, à l'horizon, la longue guirlande des lampadaires du grand pont sur l'estuaire pointillait le ciel.

l'apparition d'un pont

Pour avoir ainsi passé mon enfance dans l'ancien Lazaret de Mindin devenu hôpital psychiatrique, sur la rive gauche de l'estuaire de la Loire, « de l'autre côté de l'eau », comme on dit à Saint-Nazaire, je n'avais commencé d'emprunter chaque jour les bacs amphidromes qu'en 1972, pour me rendre au lycée Aristide-Briand, le Nazairien prix Nobel de la paix. C'était une navigation d'une petite demi-heure parfois secouée par les paquets de mer et, peu à peu, depuis la passerelle du bac, au long de ces allers-retours, nous avons vu sortir de l'eau dans la brume, comme au petit bonheur, d'étranges structures verticales, assez comparables aux ducs d'Albe qui maintenaient amarrés par leurs haussières les bacs lors des manœuvres d'embarquement et de débarquement : nous ne savions pas encore que le pont ne serait pas une ligne droite entre les deux rives, mais cette grande S de plusieurs kilomètres, comme l'initiale du Serpent de mer qu'avait été ce projet pendant des années.

Un ami de mes parents, géomètre, nous tiendrait informés de la progression des travaux. Chargé du calcul des points de triangulation pour l'implantation de ces piles, il promenait sa lunette sur trépied aux endroits convenus : à Mindin sur l'ancien ponton où accostait le *Saint Christophe*, un autre plus en amont devant le Lazaret, et à Saint-Nazaire en face à l'extrémité de la jetée du phare au Petit-Maroc. La marge de tolérance, nous disait-il avec fierté, était de quelques centimètres. On remorquait alors sur zone un guide flottant, puis disposait les batardeaux de palplanches. Les pieux étaient enfoncés au mouton à compression, traversaient une quarantaine de mètres de vase et de sable au fond du fleuve, se fichaient d'une soixantaine de centimètres dans la roche armoricaine.

Après trois ans de ce spectacle pédagogique, une fois posées les travées, lancées au ciel les flèches rouge et blanc et déployés les haubans en éventail au-dessus de la partie centrale, on nous avait permis de traverser matin et soir le pont encore encombré de gravats et de planches et de cabanes de chantier, bien avant son inauguration officielle à l'automne 1975, laquelle donna lieu à la découverte des cabines de péage.

Une fronde populaire s'ensuivit.

Si personne ne regimbait à payer le passage à

bord des bacs, il n'en était plus de même pour ce qui semblait être, après tout, une route, même suspendue en équilibre à soixante mètres au-dessus du fleuve, et ne consommait pas de carburant, ni ne nécessitait de rémunérer un équipage de marins.

Pour avoir participé avec entrain à ces manifestations, et un jour vaillamment forcé le péage au volant de mon Ami-6 Citroën en compagnie de trois jeunes filles mineures, je dus passer quelques heures au commissariat, le temps qu'on joignît les parents de ces jeunes filles ainsi entraînées dans la délinquance, lesquels parents, eux aussi opposés au péage, exigèrent la libération immédiate de ces égéries du peuple.

Quelques années plus tard, j'épousai l'une de ces jeunes filles au Moyen-Orient dans le bureau d'un ambassadeur de France. Quelques années plus tard encore elle deviendrait la mère de notre fils. On voit que ce pont ne fut pas rien dans ma vie.

Après l'avoir emprunté des milliers de fois au long de ces décennies, il m'arrive encore, aux moments de l'année où il n'est pas saturé par le passage des vacanciers, d'effectuer l'aller-retour pour le plaisir, pris de vertige devant la beauté du paysage contemplé depuis là-haut, la rive droite industrialo-portuaire et les paquebots en construction sur leurs lignes de tins aux chantiers navals de Saint-Nazaire et la forêt des pins maritimes de la rive gauche derrière Mindin, la Porte monumentale du Lazaret de mon enfance minuscule depuis cette hauteur, le miroitement coruscant des vagues comme de longues écailles de dorade au couchant, pianotant sur le volant, avec le sentiment du devoir accompli, puisque le franchissement de ce pont est gratuit depuis notre lutte héroïque et victorieuse…

Non, pas vraiment : le péage fut aboli vingt ans plus tard, une fois les coûts de construction de l'ouvrage amortis.

les deux Jules

La haute enfance se tient debout un pied en équilibre sur chacune des deux rives de l'embouchure. Parfois nous traversions le fleuve à bord des bacs à moteur diesel pour nous rendre dans les restaurants ou les magasins de Saint-Nazaire, et nous les empruntions au retour pour retrouver notre Lazaret de l'autre côté de l'estuaire. Avant le pont, Saint-Nazaire nous était inaccessible la nuit. Les bacs cessaient de naviguer jusqu'à l'aube.

Après la tombée du jour, pour atteindre ces lumières que nous voyions à Saint-Nazaire depuis la fenêtre de notre cuisine, il aurait fallu prendre la route le long de l'estuaire vers l'est, dépasser Paimbœuf puis Bouaye, jusqu'à Nantes où n'était pas encore le pont de Cheviré, emprunter celui de Pirmil, traverser la ville, obliquer plein ouest par la route départementale d'avant la voie express, passer Le Pellerin, Savenay, Donges, couper à travers les chantiers à Penhoët, une aventure de plusieurs heures avant d'apercevoir, depuis le Petit-Maroc, la lumière de notre cuisine que nous aurions oublié d'éteindre en partant.

Si Jules Verne, dans ses romans d'anticipation, imaginait des machines inconnues et des voyages extraordinaires, il ne s'aventurait pas, comme Jules Grandjouan, à décrire le futur de cet estuaire. Cet autre écrivain nantais rêvait au début du vingtième siècle d'une mégapole urbaine ininterrompue le long des deux rives : « Nant-Naz, une seule ville ! un seul port de la bouche océane au premier gué. Rive droite, une ville couloir où l'autostrade sépare net la vie industrielle des quais, où sont les docks et ateliers, de la vie de la campagne où sont les demeures. » Voyait-il, Grandjouan, dans sa boule de cristal, ces futurs paysages d'une beauté industrieuse, les trains filant sur leurs rails de vif-argent devant la raffinerie de Donges, frôlant les torchères et les cuves de stockage, frôlant les grues et les portiques, les conteneurs empilés, les navires pétroliers et méthaniers à quai, les terminaux de Montoir ? Notons cependant que la perspicacité de Jules Grandjouan était bien plus faible lorsqu'il tournait sa boule de cristal vers le sud : « Rive gauche, zone franche de Retz, série de ports francs, loués aux régions du centre d'Europe. »

On ne lit pas toujours la bibliothèque dans son ordre chronologique. Bien avant la découverte de l'œuvre de Jules Grandjouan, c'est dans celle de Jules Michelet que j'avais appris la frontière géographique et historique de la Bretagne et de la Vendée sur le « Marais breton » au sud de Pornic, à une quinzaine de kilomètres sous la Loire. Les dix-sept volumes de son *Histoire de France* dans l'édition de 1877 me venaient d'un arrière-grand-père « hussard noir » de la Troisième République. J'avais découvert sous la plume de Michelet cet estuaire « mêlé d'opulence coloniale et de sobriété bretonne ».

Cette même année 1877, Augustine Fouillée faisait paraître *Le Tour de la France par deux enfants* sous le pseudonyme de G. Bruno. Dans cette France plus petite depuis sept ans, et la perte de l'Alsace et de la Lorraine, les deux enfants étaient des « optants ». Ainsi appelait-on ceux qui avaient quitté ces territoires pour ne pas devenir allemands. L'ouvrage était un manuel de pédagogie géographique. Mon aïeul lecteur de Michelet, directeur de l'école de Chailly et Barbizon, devait bien le commenter pour ses élèves, pointant d'une longue règle en bois le parcours des deux enfants sur les cartes Vidal-Lablache suspendues au tableau noir. Alors qu'ils remontent la côte atlantique à bord d'un navire qui s'engage dans l'estuaire de la Loire, l'un des deux gamins « fut bien étonné en revenant sur le pont de ne plus apercevoir la mer, mais un beau fleuve bordé de verdoyantes prairies et semé d'îles nombreuses ».

Cette navigation fluviale, que proposent à présent de petites embarcations de tonnage inférieur aux bacs d'autrefois, je ne l'ai entreprise que récemment. Je m'étais joint à un groupe d'élèves du « Lycée expérimental » de Saint-Nazaire, qui est avec la construction navale une autre particularité de cette ville. Dès la gauche arrivée au pouvoir en 1981, Gabriel Cohn-Bendit, le frère de Daniel, Gaby & Dany, avait adressé une lettre au nouveau ministre de l'Éducation nationale, et obtenu la création de ce lieu autogéré. Depuis des dizaines d'années venaient y reprendre leurs études des adolescents éloignés du parcours habituel. Ils s'apprêtaient à accueillir l'écrivain argentin Leandro Ávalos Blacha dont j'avais édité en version bilingue le roman d'anticipation *Estuaire / Estuario* à la Maison des écrivains étrangers et des traducteurs.

Pendant ses mois de résidence nazairienne, Blacha avait assemblé dans son ouvrage de littérature fantastique les vingt-huit œuvres d'art contemporain disséminées tout au long des deux rives de l'estuaire, certaines éphémères et d'autres pérennes, installées dans le paysage où nous les cherchions, la carte géographique et le livre en mains, depuis *La Maison dans la Loire* de Jean-Luc

Courcoult immergée devant Lavau-sur-Loire jusqu'au squelette du *Serpent d'océan* du Chinois Huang Yong Ping sur la plage de Mindin.

En cet automne 2022, Blacha allait revenir à Saint-Nazaire à l'occasion de la parution de son roman et les élèves, qui pour certains l'avaient lu en espagnol et les autres en traduction, scrutaient les lieux réels que son imagination avait transformés. Sur les eaux lisses du fleuve, après les hangars et le port à bois à la sortie de Nantes, nous longions la rive droite davantage industrielle, depuis la rampe des bacs du Pellerin jusqu'à la centrale de Cordemais. En face sur la rive gauche, passé la zone militaire de l'usine des moteurs à propulsion nucléaire qui avaient équipé le porte-avions *Charles de Gaulle*, d'où sortiraient les moteurs du prochain porte-avions en projet à Saint-Nazaire, rien de la démesure du commerce mondial et des éventuels ports francs imaginés par Jules Grandjouan n'était venu jusqu'à ce jour troubler la tranquillité des roselières et des étiers, le vol lent des hérons ni la marche vive des avocettes sur les vasières, ni l'ablette ni le goujon qu'on pêche au Migron dans le canal de la Martinière, à l'ombre des grands arbres, la bouteille de muscadet au frais scintillant dans l'eau comme un appât.

Nous longions les façades colorées des maisons serrées sur la rive sud à Paimbœuf, la houle s'était creusée devant les docks de Montoir sur la rive nord. La navigation fluviale se faisait maritime. Sous la pluie froide apparaissaient les hautes murailles luisantes des navires à quai, l'usine aéronautique Airbus. Nous passions sous le pont, étroit ruban d'asphalte qui, vu depuis le niveau de la mer et en contre-plongée, semblait une fiction en plein ciel, une invention futuriste des deux Jules, Verne et Grandjouan.

Un pont de plusieurs kilomètres suspendu à soixante mètres au-dessus des flots ? Et pourquoi pas non plus une fusée sur la Lune ? Ou un tunnel sous la Manche ?

Derrière les pages de Blacha, pendant que je préparais l'édition, comme en transparence m'en revenaient d'autres plus anciennes. Si l'estuaire de la Loire avait tant compté dans l'enfance de Jules Verne, ce n'est qu'en 1898, il est âgé de soixante-dix ans, que celui-ci était apparu dans son œuvre. Verne ne se déplaçait plus. C'est à la lecture, dans son bureau à Amiens, de la *Nouvelle géographie universelle* d'Élisée Reclus et du récit d'exploration de Jean Chaffanjon en Amazonie qu'il invente *Le Superbe Orénoque*. Ses héros, « après avoir quitté leur maison de Chantenay, près de Nantes », avaient descendu l'estuaire, « ils avaient été s'embarquer, à Saint-Nazaire, sur le *Pereire*, paquebot de la Compagnie transatlantique, à destination des Antilles. De là, un autre navire les avait transportés à La Guayra, le véritable port de Caracas. Puis, en quelques heures, le chemin de fer les avait conduits à la capitale du Venezuela ».

Ils remontent le fleuve Orénoque au milieu des étendues herbeuses du llano. Mais la nostalgie bretonne du septuagénaire amiénois est trop forte, qui approche de la fin de sa vie et aimerait lui aussi revoir l'estuaire de la Loire, et cette nostalgie, il la communique à ses personnages, lesquels, au milieu des jungles, se souviennent de « ces longues plaines qui s'étendent au-delà des deux rives » de son enfance : le jeune Jean évoque ces paysages qui lui « rappellent plutôt les prairies de la basse Loire, du côté du Pellerin ou de Paimbœuf ».

Après les habituels rebondissements du roman d'aventures, fourberies, fausses identités, périls, coups de feu, traquenards, histoires d'amour, Jean se révèle être Jeanne déguisée en garçon. Tout finit bien, ainsi que l'exigeait l'éditeur Pierre-Jules Hetzel. « De Caïcara, le paquebot de l'Apure transporta les voyageurs en deux jours à Ciudad-Bolivar, d'où le chemin de fer les conduisit à Caracas. Dix jours après, ils étaient à La Havane, près de la famille Eredia, et vingt-cinq jours plus tard en Europe, en France, en Bretagne, à Saint-Nazaire. »

Dans le livre signé G. Bruno, les deux jeunes optants remontent eux aussi l'estuaire jusqu'à Nantes et le redescendent. « On revit à l'embouchure de la Loire les ports commerçants de Saint-Nazaire et de Paimbœuf, où s'arrêtent les plus gros navires de l'Amérique et de l'Inde. Enfin on se retrouva en pleine mer. » Cette année-là de 1877, juste avant l'embouchure, les deux enfants pouvaient voir la Porte monumentale du Lazaret de Mindin sur leur gauche. Ce modeste arc de triomphe, levé devant les eaux douces et salées qui inversaient devant lui leur cours à chaque marée, servait d'amer aux transatlantiques, et leur indiquait l'entrée du canal menant au bassin de quarantaine.

Si les deux enfants avaient pu voir, après la pointe du Nez-de-Chien à Mindin, le squelette en aluminium du grand serpent de mer de l'artiste chinois, dont le crâne et les vertèbres émergent à la basse mer, sans doute Augustine Fouillée l'auraitelle mentionné, mais il fut installé en 2012. Les enfants avaient pu admirer dans le ciel les goélands, les cormorans et les canards sauvages de la Brière. Ils n'avaient pu suivre le vol des ibis sacrés du Nil ni des perruches vertes, apparus à cette latitude depuis le début de ce siècle.

Les deux rives que décrivaient les deux Jules, et même les trois Jules, Michelet, Verne et Grandjouan, c'est le temps qui dans ma vie les sépare et les écarte, la rive de l'enfance et celle de la vieillesse. Même devenu enfin nazairien, ce sont d'anciennes images vaporeuses, des sensations alors ravivées de soleil et de baignades, de sel séché sur la peau, de crabes et de crevettes capturés sous la chevelure noire et cuivrée des goémons dans les trous d'eau qu'abandonnait la marée au creux des rochers, qui m'amènent chaque été à longer la côte sud au volant, à vitesse lente, par Saint-Brévin-l'Océan puis Tharon-Plage et Le Cormier, à me fournir en crustacés dans les viviers de La Tara avant la pointe Saint-Gildas près de Pornic, dernier port breton, le pendant du Croisic, enserrant à eux deux l'embouchure du fleuve et ma mémoire de leur pince de homard.

un canard sauvage

Les enfants rêvent de s'enfuir. Les adolescents comme des gerfauts prennent leur envol. Ils veulent voir les cocotiers et les perroquets, planer au-dessus des lents fleuves africains et des volcans andins, des pagodes bouddhistes et des déserts arabes. Après avoir quitté ces rivages pendant une vingtaine d'années, vécu dans d'autres endroits du monde, en Afrique et au Moyen-Orient et en Amérique, n'ayant plus de lieu sur la planète, c'est sur la rive gauche, à Saint-Brévin-l'Océan, dans une villa non loin de la plage, que je m'étais installé, pour quelques semaines, ou quelques mois, pensais-je alors.

Après un grand tour de l'Europe de l'Est chamboulée par la disparition du Mur, j'étais parti en 1993 pour La Havane où l'on prévoyait la chute du dernier domino communiste. J'avais interrompu ce séjour de six mois d'un voyage à Berlin pour y rencontrer des écrivains cubains exilés. De passage à L'Océan, j'avais reçu dans la boîte une lettre d'un camarade poète irakien, Jabbar Yassin Hussin. Il me disait venir en résidence d'écriture à Saint-Nazaire, savait que ces lieux étaient les miens, proposait que nous nous retrouvions.

Un seul dîner peut affoler comme un aimant l'aiguille de la boussole. À mon retour de Berlin et avant de repartir pour Cuba, nous étions sur le port en compagnie de Christian Bouthémy, attablés au restaurant Le Skipper, au pied du Building. Je revoyais Jabbar après quelques années et rencontrais pour la première fois Christian. Nous évoquions mes souvenirs nazairiens. J'apprenais la création pendant mon absence, en 1987, de cette « Maison des écrivains étrangers et des traducteurs ». Pas davantage que je n'envisageais alors de demeurer longtemps dans la région, je ne pouvais imaginer que la découverte de cette maison allait bouleverser ma vie pendant les trente années qui allaient suivre.

C'était une période pendant laquelle, après avoir séjourné de temps à autre en Uruguay, j'allais bientôt abandonner le Río de la Plata pour l'Amérique centrale, entamer les recherches nécessaires à l'écriture de *Pura Vida*. À chacun de ces allers-retours chez les sandinistes, je passais du temps à Miami, où je bénéficiais d'un mécénat de la marque S.T. Dupont, « les meilleurs briquets du monde ».

J'allais créer avec ce soutien, pour la Maison des écrivains étrangers et des traducteurs, un prix de la jeune littérature latino-américaine, prix que je déplacerais de capitale en capitale partout sur le sous-continent. J'étais allé organiser la première édition à Montevideo.

Au gré de mes découvertes et voyages dans la bibliothèque et les confins, j'allais dès lors éditer, chaque année, dans cette maison, des panoramas bilingues convoquant des écrivains du monde entier, ouvrages auxquels j'allais donner pour titres d'improbables voyages en avion ou en paquebot, assemblant chaque fois deux littératures éloignées dans l'espace : Trieste / Buenos Aires – Skopje / Montevideo – San Salvador / Tbilissi – New York / Naples – Berlin / Caracas – New Delhi / Bucarest – Alger / La Havane – Pékin / Istanbul – São Paulo / Le Cap – Mexico / Sarajevo – Tokyo / Luanda – Le Caire / Vancouver – Madrid / Copenhague – Bruxelles / Moscou – Phnom Penh / Porto Rico – Quito / Dublin – Athènes / Santiago – Bogotá / Beyrouth – Séoul / Port-au-Prince – Venise / Varsovie – Lima / Lisbonne – Zurich / Tirana – Amsterdam / Casablanca – Oslo / Hanoï – Vienne / Reykjavik – Tallinn / Dakar. Ces publications seraient liées à la venue à Saint-Nazaire d'écrivains que j'inviterais à présenter leurs livres dans la base sous-marine. Près de trente ans après ce dîner, alors que je cherche ces souvenirs de ma vie nazairienne et recopie la liste de ces recueils bilingues, prépare pour l'an prochain l'édition Tunis / Stockholm, et pour 2025 Montréal / Budapest, je cherche sur l'atlas les villes dont je pourrais accueillir les littératures dans les années qui viennent, après celles de ces cinquante-huit pays sur les cent quatre-vingt-treize que compte l'Onu. Et ces nombres ménagent une assez grande latitude à la poursuite des opérations.

Venir à Saint-Nazaire en ces premiers jours de 1994 avant de repartir pour Cuba, c'était retrouver dans notre conversation au Skipper devant le bassin du port, le temps d'une soirée, mes traces adolescentes que je confiais à table, ces années pendant lesquelles j'hésitais encore entre la littérature et le « cinéma du réel ». J'avais rencontré Jean Rouch et René Vautier. Bien plus tard, en 2007, pour les vingt ans de la Maison des écrivains étrangers et des traducteurs, j'inviterais ce dernier à Saint-Nazaire, organiserais une projection de son film *Avoir vingt ans dans les Aurès*. Et c'était, trente ans après, dans l'embrassade et le tutoiement, comme si nous nous étions quittés la veille.

Si à vingt-neuf ans j'hésitais moins, faisais paraître un roman aux Éditions de Minuit, dix ans plus tôt, après avoir fondé un « Club écologiste », j'avais entamé le tournage d'un film en

16 millimètres dont j'avais écrit le scénario, *Saint-Brévin en l'an 2000*. Afin d'illustrer la catastrophe que je prévoyais alors avec une grande naïveté, nous étions allés prélever un monceau de détritus sur la décharge à ciel ouvert de Bodon pour le disséminer sur la plage. Bien que je ne me souvienne pas de la nécessité cinématographique absolue de scènes aériennes, pour le plaisir sans doute, j'avais obtenu le concours de la gendarmerie nationale. Embarqué à bord d'un hélicoptère avec la pesante caméra, j'avais pu filmer depuis le ciel les deux rives, et ce pont tout juste inauguré que nous survolions. Pendant que je me livrais, rive sud, à ces premières tentatives, c'était rive nord « l'opération Gatti » du Canard sauvage, celui qui ne vole que contre le vent. Armand Gatti avait lui aussi œuvré pour le cinéma du réel, accompagné à la fin des années cinquante Chris Marker en Union soviétique pour le tournage de *Lettre de Sibérie*.

C'est que la grande aventure théâtrale nazairienne avait pris corps dix-huit ans avant ce dîner au Skipper en compagnie de Jabbar, avec l'installation en ville de la Tribu d'Armand Gatti dont le souvenir me revenait ce soir-là. Le dramaturge activiste cherchait un lieu où mener campagne contre le détournement du système psychiatrique soviétique à des fins politiques et répressives. Des poètes déclamant dans Moscou place Maïakovski étaient internés pour maladie mentale. La dénonciation ne pouvait se faire depuis une ville de droite sous peine d'être accusée de flagrant « anticommunisme primaire », pas non plus dans une ville rouge tenue par le Parti, lequel considérait encore que le bilan de l'Union soviétique était « globalement positif ».

Ces quelques mois de 1976 à Saint-Nazaire où se mêlèrent théâtre populaire, littérature collective, impression d'affiches, lancers de cerfs-volants, débats virulents et parfois violents, relayés, sous la plume de Marc Kravetz, par le jeune quotidien *Libération*, allaient aboutir, de manière rocambolesque et romanesque, à ces images de la guerre froide : l'échange, sur le tarmac de l'aéroport de Zurich, du dissident russe Vladimir Boukovski et du Secrétaire général du Parti communiste chilien Luis Corvalán, emprisonné depuis le coup d'État de 1973 à Santiago. Ce dernier gagnait Moscou. Et Boukovski arrivait à Saint-Nazaire.

Pour nous qui étions devenus adolescents dans ces années soixante-dix, c'était la découverte que l'action artistique pouvait n'être pas inutile. Pour cette ville, c'était le goût de l'accueil d'écrivains du monde entier et la fondation plus tard de cette maison. En 2009, je rassemblerais les traces de l'opération Gatti grâce aux documents conservés par Patrice Bulting, qui avait organisé l'expérience à Saint-Nazaire, et aux archives de La Parole errante, le fief de Gatti à Montreuil, et éditerais *Ces canards qui volaient contre le vent*, inviterais Gatti à revenir ici présenter le livre dans la base sous-marine.

Hélène Châtelain, descendante d'émigrés russes, et alors soutien de la dissidence soviétique avec Michel Foucault, elle aussi membre de la Tribu, avait invité à se joindre à l'opération nazairienne des intellectuels parmi lesquels Félix Guattari et le dissident ukrainien Léonid Pliouchtch. Elle était allée accueillir Boukovski en Suisse et l'avait accompagné à Saint-Nazaire. En 2008, elle venait de faire paraître sa traduction de *Voyages insensés* de Vassili Golovanov aux Éditions Verdier, livre pour lequel tous deux se voyaient remettre par la maison le prix Laure-Bataillon de la meilleure œuvre traduite en français dans l'année. La Russie serait bientôt l'invitée d'honneur du Salon du livre de Paris. Hélène et Vassili déploraient que les écrivains allaient être choisis par le gouvernement de Vladimir Poutine, et que les voix neuves seraient écartées. Je leur avais proposé d'établir un choix de textes que la maison allait faire paraître en édition bilingue. Parmi la dizaine d'auteurs retenus, le talentueux Andreï Baldine et Vladislav Otrochenko le géant cosaque étaient venus, l'année suivante, présenter l'ouvrage devant les lecteurs nazairiens dans la base sous-marine.

47°16' nord / 2°12' ouest

Les ports de mer attirent les écrivains comme le phare appelle à lui la tempête.

La vie est là plus romanesque. Dans les bistrots nazairiens du dix-neuvième siècle, les adieux des émigrants en partance pour les Amériques. Le retour triomphal d'un roi du guano. Des hommes menottés extradés d'un eldorado lointain descendent l'échelle de coupée. Saint-Nazaire naît sous le Second Empire du rêve industriel des locomotives et des paquebots. On lit dans *La Revue des Deux Mondes* en 1858 : « Si l'on veut avoir une idée de la façon incohérente dont s'élève en quelques mois une ville californienne, on peut aller chercher ce spectacle à Saint-Nazaire. À l'heure qu'il est, Saint-Nazaire est une agglomération d'émigrants grossissant à vue d'œil. D'immenses rues y sont tracées, et partout comme au hasard s'y élèvent des constructions de toutes sortes, depuis la maison parisienne à porte cochère jusqu'à la taverne des matelots. Du reste, pas de voierie organisée, pas de fontaine, pas de police. Il y a deux ans, Saint-Nazaire était un village, aujourd'hui c'est une ville. »

Les frères Pereire et les saint-simoniens ouvraient leur chantier naval, mettaient sur cale en 1862 l'*Impératrice Eugénie*, premier paquebot français à coque en fer. Ils obtenaient l'attribution de la ligne transatlantique médiane, cette longue horizontale de l'Europe à l'Amérique, qui depuis Saint-Nazaire atteignait La Havane et Veracruz. Pendant plusieurs dizaines d'années, la ville était devenue un lieu cosmopolite. Vingt consulats y délivraient des visas aux voyageurs, parmi lesquels nombre d'écrivains latino-américains. Les ports, qui sont les lieux les plus accueillants, sont aussi les plus menacés lors des conflits. Dès 1941 la base sous-marine allemande était édifiée sur le quai d'embarquement des paquebots. Deux ans plus tard, afin d'isoler au milieu d'un champ de ruines le monstre de béton armé, l'aviation alliée pilonnait et détruisait les routes et les rails et la ville tout autour, qui n'avait pas même un siècle. Celle-ci serait reconstruite plus tard loin des bassins. La disparition de la ligne transatlantique signait la fin de son ouverture sur le monde.

Dans ces années soixante-dix de l'opération Gatti apparaissait, ou réapparaissait, la tradition des libraires-éditeurs. À Paris c'était François Maspero, auquel je proposerais bien plus tard de traduire la romancière cubaine Ena Lucía Portela. À Saint-Nazaire, Christian Bouthémy avait fondé les Éditions Arcane 17, fait paraître des traductions d'Andrea Zanzotto et des premiers textes de Thomas Bernhard. Le projet en faillite au milieu des années quatre-vingt, le maire Joël Batteux, sur le conseil de Patrick Bonnet féru de littérature, décidait de créer la Maison des écrivains étrangers et des traducteurs et d'en confier la direction à ce libraire et poète. Autour d'eux, un groupe de lecteurs nazairiens enthousiastes, d'écrivains, parmi lesquels l'Argentin exilé Juan José Saer, de critiques littéraires parmi lesquels Nicole Zand au *Monde des livres* et Marianne Alphant à *Libération*, de traducteurs comme Laure Bataillon et Jean Gattégno, premier président du Centre national du Livre, avait conçu ce lieu de résidence et cette maison d'édition d'ouvrages bilingues. L'idée qui prévalait était d'installer dans la ville la présence d'écrivains du monde entier comme au temps du port transatlantique, d'y élever des monuments de papier, lesquels se substitueraient aux monuments de pierre disparus.

Puisque c'est la géographie qui fait l'histoire : à l'angle exact du fleuve et de l'océan, le Building se dresse face à la base sous-marine. L'appartement des écrivains est à son sommet. À la verticale de l'écluse et du mouvement des navires. Un poste de gardien de phare. Depuis la terrasse la vue plongeante et circulaire sur le Petit-Maroc, les bassins, les quais, l'estuaire et les chantiers navals, les arcs des jetées lancées vers la mer. Un seul meuble y demeure depuis le début, telle une relique, un vestige de divan très inconfortable, qu'on peut admirer depuis un autre divan plus récent.

Lisant assis dans ce dernier les noms des deux cents écrivains venus habiter cet appartement quelques semaines, on les imagine, chacun dans sa solitude, qui assis là se sont réjouis ou lamentés de leur labeur du jour, se servant un verre de vin de Loire pour fêter ça ou froissant avec rage des pages pour les jeter à la corbeille, des écrivains jeunes pour la plupart, parce que la découverte est la mission de cette maison. Les deux seuls prix Nobel chinois de littérature, Gao Xingjian et Mo Yan, furent invités bien avant leur distinction et les candidatures chinoises à une résidence au Building étaient depuis nombreuses, comme si le port de Saint-Nazaire était une escale indispensable avant celui de Stockholm.

Saint-Nazaire est un lieu industrieux. À tous il offre les trésors que sont le retrait, le calme et le temps. Dans ce bureau haut perché, le silence est troublé de temps à autre par la sonnerie du pont levant et le grincement de la machinerie. On quitte alors le fauteuil pour la terrasse, voit glisser en bas le long des docks les navires, les marins lever les haussières et gagner le large. On revient s'asseoir devant la page, devant le paragraphe. Lorsqu'au début du siècle j'avais repris la barre de cette maison alors au bord du naufrage, j'avais choisi pour emblème du lieu deux phrases de Paul Valéry : « Il n'est pas de spectacle pour moi qui vaille ce que l'on voit d'une terrasse ou d'un balcon bien placé au-dessus d'un port. L'œil embrasse à la fois l'humain et l'inhumain. »

N'étant pour rien dans l'invention de la Maison des écrivains étrangers et des traducteurs, j'avais hérité de son acronyme, « meet », souvent prononcé « mette », ou « le Maite », et fait imprimer chaque année en ouverture de son catalogue l'entrée d'un dictionnaire que j'avais recopiée, laquelle, outre qu'elle donnait la prononciation du mot, me semblait résumer les activités de cette maison :

> **meet** (mi : t) : v/t rencontrer, aller à la rencontre de ; faire connaissance de ; fréquenter ; croiser (dans la rue) ; aller chercher (quelqu'un à la gare) ; satisfaire à ; répondre à (des désirs, des besoins) ; faire honneur à (ses engagements) ; confluer avec (rivières) ; v /i se rencontrer, se voir, se réunir (société, gens) ; se joindre, confluer (rivières) ; trouver (un accueil).

Parfois je citais le vers de Byron, « Farewell, my young Muse ! since we now can never meet ».

J'avais appelé les rencontres internationales de l'automne « meeting ». Rien n'y faisait. Trente ans plus tard, on parlait encore du « Met », comme si s'était installé à Saint-Nazaire le musée d'art new-yorkais. Écrivant ces phrases à Ponta Delgada dans l'archipel des Açores, parce qu'on n'en finit pas de découvrir des ports, une agence de fret devant ma fenêtre, près des quais, fait de cette phrase sa réclame, « world 2 meet », qui pourrait être aussi celle de cette maison.

Au long de toutes ces années, s'il est un lieu nazairien qui a peu changé, c'est la terrasse du bistrot La Marine au Petit-Maroc et le spectacle que celle-ci offre à la vue. La base sous-marine de la Deuxième Guerre mondiale est devenue un lieu de paix. Sur son toit repose en symbole le radôme de l'ancien aéroport berlinois de Tempelhof, qui fut la tête du pont aérien pendant la guerre froide. Saint-Nazaire est un chantier où se bâtissent avec obstination des livres et des navires. L'appartement au sommet du Building est toujours un havre le temps d'une escale loin du tumulte. Il assemble les messages à la mer du vaste réseau des écrivains solitaires, penchés sur leur table à cartes et cherchant les amures de l'avenir, se croisant et se succédant dans ce lieu privilégié du globe.

Ceux qui revenaient ici de loin en loin voyaient comment la ville se retournait, comment la place du Commando, nommée en l'honneur des soldats anglais et canadiens venus en 1942 lancer un navire empli d'explosifs sur le bateau-écluse de la forme Joubert et la mettre hors d'usage, comment cette place, longtemps parking à la limite du terrain vague, était devenue un lieu festif bordé de bars et de restaurants à la mode devant la plage de baignade. Le maire David Samzun avait baptisé « promenade Joël-Batteux » le nouveau boulevard de mer que les Baulois enviaient aux Nazairiens. De l'autre côté, celui du bassin, si La Marine demeurait le refuge des vieux Nazairiens, la construction d'appartements pour les étudiants des Beaux-Arts ne tarderait pas à rajeunir sa clientèle.

Mais pendant trente ans, depuis ce premier dîner en janvier 1994 avec Jabbar et Christian, mon repaire fut Le Skipper au rez-de-chaussée du Building. Krzysztof Frankowski avait débuté sa vie de footballeur en Pologne, joué au Japon contre l'équipe argentine du jeune Maradona, fui le régime communiste et rejoint le Football Club de Nantes à la grande époque de Budzinski, acquis le restaurant à la fin de sa carrière professionnelle. Certains écrivains préfèrent travailler au café plutôt que dans la solitude et le silence. Krzysztof les accueillait à bras ouverts, parfois offrait de petits verres de vodka, et avec les quelques langues qu'il savait les interrogeait sur leur goût pour le football, et leurs équipes nationales dont il connaissait le parcours, le résultat de tous les matches et le nom des buteurs.

Chaque mois de novembre, c'étaient ici de grandes tablées, des soirées au cours desquelles se nouaient amitiés et projets. En 2004, année où j'avais invité Marcel Bénabou et Paul Fournel de l'Oulipo, ainsi que le romancier argentin Eduardo Berti, était née à table l'idée d'un colloque oulipien à Buenos Aires, dix ans avant qu'Eduardo devînt à son tour membre du groupe. Et puisque l'évocation de Krzysztof amène toujours au football, je me souviens d'avoir bien plus tard retrouvé Paul Fournel à Guatemala, en juillet 2018. Après que nous avions la veille assisté à la fête nationale à l'ambassade, j'avais réservé une table dans un café et nous avions suivi en direct, au petit déjeuner, la finale de la Coupe du monde en compagnie d'Annie Le Brun et de Philippe Ollé-Laprune, avant de prendre la route pour la province et le lac Atitlán, quand au Skipper, où j'imaginais la liesse, c'était déjà la fin du jour.

Krzysztof lisait mes livres en différé, attendait que je lui en offre la traduction polonaise un an ou deux après la parution en France, se réjouissait particulièrement de recevoir des écrivains compatriotes, Justyna Bargielska, Wojciech Nowicki ou Filip Springer. Lorsqu'en 2019 Olga Tokarczuk était revenue à Saint-Nazaire, quelques jours avant d'aller prononcer à Stockholm son discours de réception du prix Nobel, Krzysztof avait dû s'absenter et nous avait envoyé depuis Varsovie les photographies des grands portraits d'Olga sur les murs de l'aéroport.

Au printemps dernier, il m'avait téléphoné pour m'apprendre qu'il venait de signer la vente du Skipper, me demandait si j'étais à Paris ou au loin, comment nous pouvions convenir d'un dernier verre. J'étais au Building et dix minutes plus tard au Skipper. Dans un geste un peu théâtral nous nous étions enlacés. Assis devant nos verres de quincy, il me disait comment la décision s'était précipitée. Le lieu allait fermer quelques mois pour travaux et serait transformé. Dans le silence autour de nous, j'entendais les conversations animées et polyglottes, les éclats de voix de tous les fantômes qui regrettaient le départ du chaleureux Polonais moustachu.

écrivains à bord

Pendant plus de quarante ans, j'aurai mené la vaine tentative d'épuiser la planète et la bibliothèque, de lire toutes les littératures et de parcourir le monde pour écrire des fragments de son histoire de 1860 à nos jours. Entendre le nom d'une ville dans laquelle je ne suis pas allé, dont je ne connais pas les sons, les odeurs, les rues, demeure un coup de poignard. Pendant deux ans, en 2015 et 2016, j'avais sillonné la France au volant sur les traces d'archives familiales. Dans ce livre, *Taba-Taba*, du nom du malade mental qui était mon ami du temps de mon enfance au Lazaret de Mindin, j'avais calculé que, même en accordant une seule journée à chacune des 36 529 communes que comptait alors la France, divisant ce nombre par les 365 jours de l'année, un siècle ne suffirait pas à les visiter toutes, et que même ce pays, qui occupe moins de 0,5 % des terres émergées, allait me demeurer inaccessible.

Parmi toutes les villes du monde, peut-être suffirait-il d'en connaître une seule dans ses moindres détails. Si Guérande à l'ouest et Nantes à l'est sont des cités médiévales, l'histoire de Saint-Nazaire est plus brève, depuis la mise en service de son bassin à flots en 1860.

Après les succès des chantiers navals dans cette deuxième moitié du dix-neuvième siècle, et après que ce port de Saint-Nazaire, pendant la Première Guerre mondiale, était devenu port de guerre, où débarquaient les troupes américaines avant de monter au front, la course à la démesure et à la vitesse avait repris dès l'armistice.

Tout au long des années trente, l'affrontement des grandes puissances est encore symbolique et pacifique. La partie se joue aussi bien dans les airs que sur la mer et sur la terre. Après la Croisière jaune des voitures à chenilles Citroën en Asie, c'est la course au Ruban bleu de la Compagnie générale transatlantique.

Décidé avant la Grande Dépression de la fin des années vingt, le lancement d'un navire de passagers français de plus de trois cents mètres de long, et pouvant atteindre trente nœuds, est retardé par les grèves et le manque de crédits, la « marche de la faim » des chômeurs de Saint-Nazaire jusqu'à Nantes. Le *Normandie* est armé aux frais de la nation sur le modèle des Grands Travaux. L'État fait construire aux ouvriers nazairiens un paquebot de luxe pour les maintenir à flot juste au-dessus de la misère et aussi, dans un but peut-être didactique, pour leur montrer à quoi la richesse peut donner accès.

Le 29 mai 1935, quatre écrivains ont emprunté aux frais de leurs différents journaux la passerelle d'embarquement. Ils ont quitté la gare Saint-Lazare pour Le Havre. Sur le quai, un portefaix maladroit lâche la bouteille de vin de paille que Colette voulait lancer en mer accompagnée d'un message. Le vin jaune se répand sur la pierre. Nous ne connaîtrons jamais le contenu du message. Colette porte un imperméable blanc, un panier à provisions à la main comme pour un pique-nique en forêt. Elle arrive de Saint-Tropez, les pieds nus dans des sandales. Près d'elle Pierre Wolff, qui cosigna des pièces de boulevard, lesquelles connurent le succès à Broadway avant guerre, puis des scénarios de cinéma pour Claude Autant-Lara et Julien Duvivier, cherche déjà le Grill-Room Bar. Il y retrouve Claude Farrère. Celui-ci a quelques raisons de lever son verre : remis de ses blessures par balles lors de l'assassinat du président Doumer à son côté trois ans plus tôt, il vient d'être élu à l'Académie française contre Paul Claudel.

Au pied de l'ascenseur des premières, le troisième homme, coiffé d'un béret noir, clope au bec, a pris congé de ses confrères en les saluant de sa main unique, est allé rejoindre sa cabine de deuxième classe, c'est la 822.

C'est une bonne chose que Blaise Cendrars voyage dans la soute quand les autres sont au salon. C'est le talent de Pierre Lazareff, le directeur de *Paris-Soir*, de s'être adjoint ces deux-là pour son journal : Farrère arpentera les ponts élevés et les mondanités, pendant que Cendrars descendra dans la machinerie.

La mode est aux grands reportages à la première personne. Elle est aussi au gigantisme. Et avant que ces quatre écrivains couvrent la croisière inaugurale du plus grand paquebot du monde à destination de New York, Antoine de Saint-Exupéry était à Moscou la veille de l'envol du *Maxime Gorki*, le plus grand avion du monde, propulsé par huit moteurs, équipé de chambres à coucher, d'une imprimerie, de bureaux, d'une bibliothèque et d'une salle de cinéma. Le monstrueux pélican soviétique lui laissera juste le temps d'écrire son papier pour *Paris-Soir* avant de s'écraser au sol le lendemain, 18 mai 1935.

Onze jours plus tard, pour le *Normandie* flambant neuf, allongé sur l'eau sirupeuse des bassins du Havre, ses trois hautes cheminées rouge et noir inclinées sur l'arrière et reliées l'une à l'autre par les éclats multicolores du grand pavois, c'est le premier bal, le premier bain de foule. Depuis plusieurs jours, une grève des marins bloque le port. Le gouvernement Flandin a dû lâcher du lest. Dans les ponts supérieurs, on ignore ces détails d'intendance.

Les passagers découvrent ce pavillon français d'une exposition universelle itinérante, la beauté de l'épure et de l'efficacité évoquée comme le « style Normandie », un équilibre des arts décoratifs et de la grande cuisine, du cubisme et de l'œnologie. Un verre à la main, ils visitent le jardin d'hiver où se déhanchent les perroquets, gagnent la salle à manger de quatre-vingt-dix mètres par deux hautes portes en bronze, un peu ivres déjà caressent les verreries de Lalique, les soieries et les tapisseries, les bois de palissandre et les laques d'or, les marbres et les aciers polis. Des dizaines de mètres au-dessous, les navigants en bleu de chauffe procèdent à la montée en puissance des turboalternateurs.

Ceux-là portent les espoirs de la Compagnie générale transatlantique et de la France entière. Il s'agit de clouer le bec aux lignes concurrentes de la Norddeutscher Lloyd de l'Allemagne nazie et de la Navigazione Generale italiana de l'Italie fasciste, toutes deux détentrices du record du Ruban bleu dans un sens puis dans l'autre, de l'Europe à l'Amérique et retour, mais encore de moucher la

White Star Line et la Cunard Line des Anglais et des Américains. Et ce *Normandie*, que Jules Verne semblait avoir décrit dans *Une ville flottante*, et que les journaux bien-pensants jamais avares d'un truisme appellent « le Palace flottant », la presse satirique, depuis des années, l'appellent « la Dette flottante ».

Malgré les émeutes violentes du début de l'année aux chantiers navals de Saint-Nazaire pour retarder la livraison du navire, puis la grève des marins du Havre pour retarder son départ, ce 29 mai 1935 à sept heures du soir la sirène mugit. Les remorqueurs débordent la coque qui s'éloigne du quai où scintillent les cuivres des fanfares. C'est une de ces glorieuses soirées où le soleil n'en finit pas d'étirer ses dorures et révèle sur la haute muraille noire la géométrie des rivets. Des centaines d'embarcations, des barques de pêche et l'*Île de France* lui-même, des bateaux-pompes et des voiliers entourent le *Normandie* sur les premiers milles à destination de Southampton et de la balise de départ du Ruban bleu, comme on accompagne un boxeur vers le ring.

Plus de deux mille personnes sont à bord, dont la marraine du navire, madame Albert Lebrun, première dame de France, à laquelle aucun journal n'avait songé à confier une chronique. Elle ne connaîtra de la traversée que les messes en la chapelle et les soupers dans sa suite. Autour d'elle la « liner-set » qui deviendrait la « jet-set ». À fond de cale, cent vingt-deux ouvriers décapsulent leurs bidons de peinture au tournevis : ils sont chargés des travaux de finition que la grève a retardés. Ils devraient être cent vingt-trois.

L'un d'eux manque à l'appel et ne verra jamais New York. Ce clopeur invétéré donc sympathique, auquel aucun romancier n'aurait attribué ce nom terrible de Larbin qui est le sien, est en garde à vue dans les locaux de la police havraise. Quelques jours plus tôt, à l'insu de son contremaître, se jouant des mesures de sécurité en vigueur, Larbin avait abandonné ses pinceaux pour aller s'en griller une petite aux toilettes. Le mégot, jeté au fond de la cuvette dans laquelle ses collègues, contrevenant eux-mêmes à certaines règles élémentaires, venaient de balancer un seau d'essence, avait provoqué un début d'incendie. Larbin s'était enfui dans les coursives. Son casier judiciaire porte déjà une condamnation pour « destruction de matériel » pendant son service militaire : sa maladresse ou la malchance le perdra, Larbin.

Dès le premier soir en mer, les quatre écrivains expédient leurs articles par la TSF du navire. Farrère, habitué des transatlantiques, se fait critique gastronomique et encense le canard à l'orange du chef Magrin. On donne au théâtre du bord *Le Pasteur* de

Sacha Guitry en première mondiale. Acceptant le reportage, Cendrars avait prévenu Lazareff : « Ce qui m'intéresse ce sont les machines. Les tralalas et les belles réceptions des gens du monde j'en n'ai rien à foutre. » En seconde, ses voisines sont les Blue Bell Girls du music-hall.

Au fil des papiers, il arrive que les images se recoupent : Colette la coloriste et Cendrars le bourlingueur voient tous deux, même à jeun, dans les gros générateurs alignés un troupeau d'éléphants. Wolff est grincheux : « Nous faisons, paraît-il, trente nœuds à l'heure. Vingt-cinq m'auraient suffi. » Et ces journaux dans lesquels paraissent chaque jour leurs chroniques, comme tous les vieux journaux, sont à présent des romans sans fiction : on y apprend que les choses ne s'arrangent pas pour le malheureux Larbin resté à terre. Le commissaire Chauvineau mène l'enquête. Il découvre que Larbin, il y a un an et demi, était encore marié à une Allemande. Voilà le clopeur soupçonné d'être un saboteur, venu mettre le feu aux égouts du fleuron français pour le compte du Reich, dont le *Bremen* est détenteur du Ruban bleu.

Pendant ces quatre jours, trois heures et deux minutes que va durer la traversée, on retrouve dans l'actualité cette apparence bariolée des événements, ce grand foutoir au-dessus de quoi, selon Hegel, planerait pourtant la Raison guidant l'Histoire vers son accomplissement. Je lisais, au hasard des exemplaires archivés des quoditiens ouverts sur mon bureau, dans *Paris-Soir* et *Le Journal*, qu'en ces jours de juin 1935 le Duce inaugure un jardin zoologique et que l'armée italienne atteint les neuf cent mille hommes. Que le colonel Lawrence, le mythique Lawrence d'Arabie, loin du désert, s'est tué à moto et qu'on l'enterre dans un cimetière de la campagne anglaise. Que le franc est menacé. Ou bien ne l'est pas. Finalement si, et le gouvernement Flandin est tombé. Que Schuschnigg, chancelier d'Autriche, se hausse du col et répond à Hitler : « Il n'y a pas de place pour le national-socialisme dans notre pays ! » Que sir Percy Bates, le président de la Cunard Line, qui vient de mettre en chantier le futur *Queen Mary*, souhaite bonne chance au *Normandie* dans sa conquête du Ruban bleu et attend son heure. Que monsieur Albert Lebrun reçoit monsieur Pierre Laval parce qu'il va bien falloir constituer un nouveau gouvernement. Que Joséphine Baker visite la Foire de Paris. Que cinquante kilos d'héroïne sont saisis boulevard Saint-Honoré. Que « 673 forçats s'embarqueront bientôt pour la Guyane », autre traversée transatlantique, pour laquelle on peut se demander si la forme pronominale était bien appropriée.

Quatre jours, trois heures et deux minutes – et pourquoi pas une seconde – après avoir croisé le phare de Bishop Rock en Angleterre, le *Normandie* passe le bateau-feu d'Ambrose devant Manhattan. Il vient d'arracher le Ruban bleu « westbound » au *Rex* de l'Italie fasciste. À Saint-Nazaire, les nombreux ouvriers italiens qui ont fui le régime et se sont engagés aux Chantiers se réjouissent. Dans le port de New York, pier 88, une étamine bleue de trente mètres de long est hissée au pavois. Le soir même, les femmes portent des robes bleues dénudées dans le dos. C'est un « dîner bleu ». Les détonations sont celles des bouchons de champagne : la France, autant dire Saint-Nazaire, vient de gagner la bataille.

Le midi du 7 juin, le champion fait évitage et appareille pour son voyage de retour, au cours duquel il s'empare du Ruban bleu « eastbound » détenu par le *Bremen* allemand, et les manigances supposées de Larbin auront été vaines.

En juillet 1937, le record lui sera cependant ravi par le *Queen Mary* tout neuf de la Cunard. Un mois plus tard, le *Normandie*, dont les hélices à trois pales viennent d'être remplacées par des hélices à quatre pales, reprend le Ruban bleu. Il n'existe pas d'hélices à cinq pales : *Queen Mary* s'adjuge à nouveau le trophée en août 1938. Un mois plus tard, le Reich, mauvais perdant, décide de changer de compétition. Le 30 septembre, Hitler, Mussolini, Daladier et Chamberlain se rencontrent à Munich : les démocraties cèdent aux exigences des dictatures. À leur retour, les négociateurs anglais et français sont ovationnés pour avoir évité la guerre. Churchill est plus lucide : « Ils ont eu le choix entre le déshonneur et la guerre, ils ont eu le déshonneur et ils auront la guerre. »

Au commencement de celle-ci, les États-Unis d'Amérique sont neutres. Ils font valoir leur « droit d'angarie », consignent *Normandie* au quai de la French Line à New York et lui interdisent de reprendre la mer. Après Pearl Harbor et leur entrée dans le conflit, ils ne le remettront pas aux gaullistes mais le rebaptisent *USN La Fayette*. Le palace est vidé, les œuvres pillées. Le 9 février 1942, pendant les travaux destinés à transformer le paquebot en transport de troupes, des étincelles de soudure mettent le feu à des gilets de sauvetage en kapok jetés en vrac au milieu du grand salon. Les pompiers s'égarent dans les coursives. L'incendie gagne, sans qu'on puisse cette fois soupçonner le pauvre Larbin. Les bateaux-pompes déversent des tonnes d'eau sur les ponts supérieurs. Il fait moins trente. L'eau gèle. Le bateau gîte. Au milieu de la nuit *USN La Fayette* chavire. Une photographie montre le plus grand paquebot du monde vainqueur du Ruban bleu démantibulé à l'aube, allongé sur la glace comme un long poisson mort à l'étal. Ses cheminées sont disloquées. Contre son flanc, le scarabée d'un minuscule bateau-pompe l'asperge encore du jet croisé de ses antennes.

Après la glace c'est le feu : un an plus tard, en février 1943, le port de Saint-Nazaire, qui n'avait pas un siècle, où avait été assemblé ce plus grand paquebot du monde, disparaissait sous les bombes incendiaires.

Au hasard de leur mise en vente, quelques œuvres d'art qui décoraient les salons du *Normandie* rejoindraient le musée des paquebots dans la base sous-marine de Saint-Nazaire.

guerres

Pendant des jours dans la cabine d'un navire, lentement ballotté par la houle, le roulis du berceau de l'enfance suscite la rêverie. Les incessants va-et-vient dans le temps comme dans la géographie ramènent à la mémoire la ronde des années de la vie et des lieux du monde. Selon la phrase de Platon ou bien d'Aristote, il y aurait ainsi les morts et les vivants et ceux qui sont sur la mer. Ce retrait fantomatique dans les limbes entraîne le retour obsessionnel à la guerre éternelle, au souvenir des catastrophes qui est souvent plus vif dans les ports. Chaque année à Saint-Nazaire, sur la place du Commando, un hommage est rendu aux victimes, pour nombre d'entre elles inconnues, du naufrage du *Lancastria* de la Cunard.

Quatre-vingt-dix navires d'évacuation mouillent dans la baie le lundi 17 juin 1940. L'encombrement est tel que le *Champlain*, qui vient de retraverser l'océan après avoir débarqué à New York mille passagers en fuite dont Vladimir Nabokov et sa famille, est dérouté plus au sud vers le port de La Pallice à La Rochelle, où il heurte en début de matinée une mine magnétique. À Saint-Nazaire, le paquebot *Lancastria* de 168 mètres à cheminée unique est le bâtiment le plus imposant. Il accueille dans un grand désordre des soldats anglais et polonais qui n'ont pu embarquer à Dunkerque, des civils belges et français qui échappent depuis le nord à l'avancée allemande. Sa jauge maximale est de trois mille passagers. Ce sont à bord bientôt six mille personnes, on ne compte plus, peut-être neuf mille. En milieu d'après-midi, le navire est pilonné par la chasse aérienne. Les cales explosent. La mer est recouverte d'une vingtaine de centimètres de mazout. Les cadavres pendant des semaines s'éparpillent sur les côtes. L'annonce du plus grand désastre maritime de tous les temps, quatre ou cinq fois le nombre de victimes du naufrage du *Titanic*, est censurée par Churchill, lequel écrira plus tard dans *La Chute de la France* : « Un épisode effroyable s'est déroulé le 17 à Saint-Nazaire ». Il mentionne quatre mille victimes. Les archives sont scellées pour cent ans, les détails seront connus en 2040. L'épave du paquebot repose à faible profondeur à quelques encablures du port. Moins de trois ans plus tard, c'est toute la ville qui disparaissait sous les bombes, des Alliés cette fois.

Le poids de l'Histoire et les monuments qui se

dressent sur les quais incitent à la vigilance. Les traumatismes ne se transmettent pas seulement par le récit et la statuaire mais aussi par inscription épigénétique dans le corps des enfants. Mon père était né dans les décombres de la ville de Saint-Quentin. Par goût des vieux journaux, j'avais trouvé cet article, écrit un an après sa naissance, par l'écrivain autrichien né en Ukraine Joseph Roth de passage dans cette ville, article paru dans la *Frankfurter Zeitung* le 2 mai 1926 : « C'était autrefois une ville européenne, vénérable, avec une histoire européenne, non moins vénérable. Les bombes incendiaires l'ont fait disparaître. » Ces phrases pourraient être à présent la description d'une ville ukrainienne. Chaque jour sans guerre est un privilège fragile. Cette inquiétude lancinante m'avait amené, pendant des années, à me rendre au Centre André-Malraux de Sarajevo ouvert à l'initiative de Francis Bueb et d'habitants de la ville assiégée, au cœur du premier conflit en Europe depuis la fin de la Deuxième Guerre mondiale, à y rencontrer des écrivains bosniens, à inviter certains d'entre eux à Saint-Nazaire, à éditer *Sous pression* de Faruk Šehić, à tenter de percer le mystère de la haine, à écouter dans leurs récits comment des familles qui saluaient leurs voisins les déportent le lendemain et pillent leur appartement, à ne pas oublier que partout une guerre civile peut éclater du matin au soir.

Passer son enfance dans les années vingt au cœur de Saint-Quentin détruite par les bombes ou dans les années soixante au cœur de Saint-Nazaire à peine reconstruite, où des familles avaient vécu dans des baraques en bois dans l'attente d'un appartement, amène à mieux goûter la banalité de la paix. J'apprenais en Inde avec quelques jours de retard, fin février 2022, le franchissement de la frontière ukrainienne par les blindés russes. Depuis le nord et les zones militaires, sur les frontières disputées du Cachemire par la Chine et le Pakistan, j'arrivais à Hyderabad où je lisais un message du jeune romancier Markiyan Kamysh. Il avait séjourné au Building et souhaitait avant de monter au front envoyer depuis Kiev sa mère à l'abri des bombes à Saint-Nazaire, ville qui évoquait pour lui, à l'extrême ouest de l'Europe, l'image même de la tranquillité, du refuge. Il viendrait la retrouver au printemps, écrivait-il, une fois la guerre finie.

L'apparition d'une reine

Si la nuit distendait dans mes mauvais rêves d'enfant cette embouchure de la Loire à des proportions gigantesques, un gouffre noir au fond duquel pouvait basculer pendant mon sommeil notre Porte monumentale, dans l'attente de la reprise, à l'aube, de la navigation des bacs, le pont suspendu est à présent une agrafe qui maintient attachées les deux rives, dont seules les violentes tempêtes entraînent de temps à autre la fermeture.

Aujourd'hui, samedi 28 octobre 2023, après que la bourrasque s'est abattue sur le port, la goélette *Étoile de France* a sombré dans le bassin devant le quai du Commerce. Depuis la fenêtre de mon bureau, je vois ses deux mâts inclinés au-dessus de l'eau. Dans la forme C des chantiers, le paquebot *Utopia of the Seas*, secoué par le vent, a arraché un câble de soudure relié au quai et provoqué une fuite de gaz.

Assis à la terrasse de La Marine au Petit-Maroc,

devant les bateaux de pêche qui empruntent l'écluse fortifiée à chaque marée, le petit chalutier *Ancre* qui vend sur le quai sa pêche de la nuit, on peut revoir en accéléré l'histoire de ce port depuis le *Normandie* puis le *France*. Les chantiers navals, qui s'étaient convertis à la construction de pétroliers supertankers après la guerre des Six Jours en 1967 et la fermeture du canal de Suez, avaient aménagé la forme C qu'on aperçoit depuis cette terrasse. Les monstres de plus de cinq cent cinquante mille tonnes devaient relier le golfe arabo-persique à l'Europe par le cap de Bonne-Espérance. Le temps d'achever et de livrer le premier, *Batilus*, le président Sadate rouvrait le canal, et bientôt le « plus grand pétrolier du monde » partait en démolition à Taïwan.

Les images et les années se superposent, ce que j'ai vu et ce que j'ai lu. Dans ce port au milieu des années quatre-vingt-dix, je regarde le petit navire de croisière *Paul Gauguin* tout neuf quitter les Chantiers pour Tahiti et une quinzaine d'années plus tard je monte à son bord dans le port de Papeete. À la fin des années quatre-vingt, le romancier cubain Reinaldo Arenas observe depuis l'appartement du Building, terrifié, lui qui a fui le régime castriste, le ballet des grues sur le quai, les bœufs congelés qu'elles lèvent en plein ciel au-dessus du terminal frigorifique, et laissent tomber dans les cales d'un navire pavoisé du grand drapeau rouge à destination de Leningrad. Il quittera Saint-Nazaire pour aller se suicider à New York, ne connaîtra pas, quelques mois plus tard, la dislocation de l'Union soviétique.

Depuis le Canard sauvage, Saint-Nazaire continuait à se mêler des affaires du monde. Au début de 2001, avec Joël Batteux, et Yannick Vaugrenard plus tard sénateur nazairien, nous avions imaginé une manifestation autour de la situation afghane qui semblait alors oubliée ou reléguée. Nous l'avions intitulée « Brisons le silence ». Son inauguration était prévue le 11 septembre. Nous avions fait suspendre sur les silos du port de grandes bâches reprenant les cavités dans la falaise de Bamiyan, une femme en burka en place du Bouddha dynamité par les talibans. Je souhaitais inviter le romancier Atiq Rahimi et la nouvelliste Spôjmaï Zariâb. Chacun sait où il se trouvait ce jour-là. J'étais dans le bureau du Building. Nous étions convenus de repousser d'une heure la projection du film *Kandahar* de Mohsen Makhmalbaf au Cinéville afin de laisser à chacun le temps de regarder en boucle, dans les journaux télévisés, ces images des tours en feu qui marquaient le début du troisième millénaire, et brisaient autrement le silence.

Je nourrissais alors un autre projet davantage maritime. J'avais appris que, pour la troisième fois en moins d'un siècle, après le *Normandie* puis le *France*, on allait à Saint-Nazaire bâtir le « plus grand paquebot du monde », et j'avais proposé au groupe Alstom, alors propriétaire des Chantiers de l'Atlantique, la publication d'un livre qui suivrait toutes les étapes de la construction. J'allais inviter des écrivains des six extrémités des trois lignes transatlantiques : celle du nord, du Havre à Southampton et New York sur laquelle se disputait le Ruban bleu, celle du sud, du Río de la Plata, de Montevideo et de Buenos Aires vers l'Espagne et Bordeaux, et cette ligne centrale, de Saint-Nazaire à Veracruz par La Havane. Ces textes paraîtraient dans une édition trilingue, et seraient accompagnés des images de Bernard Biger, photographe officiel du chantier.

Si j'avais invité cinq écrivains venant des cinq autres extrémités des trois lignes, j'avais proposé à Jean Rolin que nous écrivions tous les deux depuis celle de Saint-Nazaire. Il connaissait le port depuis plus longtemps que moi, avait enfant visité ici le *France* avant son lancement au début des années soixante en compagnie de son oncle médecin de bord. Dans les années soixante-dix, il s'était brièvement engagé docker comme « établi » révolutionnaire, avait écrit le récit de cette expérience nazairienne dans son roman *L'Organisation*. Nous partagions le goût des paysages portuaires, des phrases de Malcolm Lowry dans *Ultramarine* :

« Qu'est-ce donc qui, toujours, nous attira vers les docks ? Souvent déserts, hormis quelques bateaux de pêche, un ou deux chalutiers, mais nous aimions les odeurs de ces lieux, et les bruits. Le pont basculant, le coup de sifflet du gardien des docks, la rapidité avec laquelle il capelait et relâchait les chaînes, tout cela prenait un sens très particulier dans nos vies. »

Nous allions lester de quelques grammes d'encre les milliers de tonnes d'acier du plus grand paquebot du monde.

Nombre des quinze mille travailleurs qui allaient œuvrer à la construction étaient envoyés à Saint-Nazaire par des entreprises sous-traitantes. Parmi les vingt-six nationalités présentes sur le chantier, Jean avait tout d'abord cherché le contact des Polonais, chargés de convoyer depuis Gdansk le bulbe d'étrave du navire, puis celui des Indiens qui, plus tard, se chargeraient à bord des travaux de climatisation et de ventilation.

La reine était née dans la chaleur d'un glorieux après-midi de juillet. L'air charriait depuis les silos des effluves de céréales sur le port. Le clairon solaire lançait au ciel ses louanges. Des goélands repus ou des anges somnolaient sur l'eau cuivrée des bassins. Quai des Darses, avec Jean nous avions suivi les manœuvres d'embarquement d'une chaudière sur un vraquier jaune à destination du Venezuela.

Puis nous étions entrés aux Chantiers par la salle des Maquettes, où nous avions échangé nos passeports contre un badge magnétique et un casque blanc, pour aller nous pencher sur la reine en son berceau, qui ne pesait encore que six cents tonnes.

Le jeudi 4 juillet 2002, lors de la mise sur cale du premier bloc, le n° 502, du projet G32 destiné à devenir à son tour le « plus grand paquebot du monde », un officiant avait déposé au fond de la quille deux pièces d'or, l'une à l'effigie de la reine d'Angleterre et l'autre de Louis-Philippe dernier roi des Français. Le père Champenois avait béni l'or et l'acier comme un shaman aurait dansé autour de la pirogue au milieu des feux aromatiques. La construction des embarcations est toujours cérémonieuse. Il faut à cette transgression des lois de la nature quelque rite propitiatoire. La curiosité d'aller voir de l'autre côté de l'eau si la vie n'y serait pas plus belle, les aubes plus ardentes et Circé plus caressante, attise souvent le courroux des dieux qui nous plantèrent sur la terre ferme.

Depuis Homère et jusqu'à Melville et Stevenson et Cendrars, jusqu'au *Vautour* de Pierre Loti et au *Nan-Shan* de Joseph Conrad, la littérature et la navigation auront noué leurs sortilèges pour aveugler les hommes et les jeter sur la mer. C'est par leurs artifices conjugués qu'on se prenait à rêver, au fond des tavernes portuaires, de départs soudains pour des îles très lointaines, et que la planète peu à peu avait pris sa forme gironde. Et puis très vite, à l'ouverture des lignes régulières de paquebots toujours plus rapides, elle avait commencé de rétrécir à la taille d'une balle de ping-pong.

Mais à présent tout cela s'inversait, faisait machine arrière. La nouvelle reine en construction porterait le nom de *Queen Mary 2*. Si son ancêtre, ou sa mère, *Queen Mary*, avait remporté en moins de quatre jours le Ruban bleu de 1938, la tante à laquelle la nouvelle reine allait succéder sur la ligne, *Queen Elisabeth 2*, dernier liner sur la route de l'Atlantique nord, en l'absence de concurrent pour le trophée de vitesse, et décidément moins rapide que le Concorde, décidait en 1997 d'allonger la durée de sa traversée transatlantique régulière à six jours. Sur cette même ligne, *Queen Mary 2*, dont le lancement était prévu à l'automne 2003, conserverait cette même allure paisible. La reine ne consentirait pas à ramasser le ruban bleu déposé à ses pieds.

La lenteur était devenue le luxe des paquebots quand autrefois la vitesse avait été leur réclame. Plus d'autre justification, dorénavant, à la croisière maritime que la croisière maritime, comme à la lecture des livres que la lecture des livres. Pendant plus d'un an, dans cette tour de Babel des Chantiers de l'Atlantique, des milliers d'ouvriers parlant des dizaines de langues différentes allaient bâtir de ce millefeuille de tôles d'acier, souple comme une ramette de papier, le plus grand paquebot du monde pour accueillir à bord le plus grand salon de lecture du monde. Nulle part on ne lit mieux qu'à bord d'un navire, si ce n'est dans les trains de nuit et les hôtels lointains. En 1935, au quai de la French Line, pier 88, on avait ouvert l'échelle de coupée du *Normandie* vainqueur du Ruban bleu aux visiteurs new-yorkais, et Blaise Cendrars avait surpris cette conversation dans la bibliothèque, qu'il avait consignée dans son article pour *Paris-Soir* :

« – Tu sais, disait l'un, il paraît qu'il y a là-dedans cinq mille volumes.

« – Ils exagèrent, répondit l'autre, on ne lit pas cinq mille volumes en quatre jours. »

Queen Mary 2, qui se veut aussi le conservatoire de l'élégance des liners et de leur nostalgie, se devait d'être bibliophile. Bientôt s'élèverait à plus de soixante-dix mètres au-dessus de ces quelques tôles inaugurales inondées de soleil les dix-sept ponts du navire, et des milliers de livres seraient un jour disposés sur les rayonnages d'une bibliothèque comme suspendue en plein ciel bleu. Le premier bloc de ce projet G32 avait été posé à l'extrémité haute de la grande forme de construction, près du boulevard des Apprentis. Avec Jean, nous étions passés, le dos courbé, sous ce premier bloc de *Queen Mary* 2. Nous avions avancé entre les rangées de tins alignés, pour aller caresser la quille, qui un an plus tard disparaîtrait sous la mer, au fond de quoi dormaient deux pièces d'or qui partiraient un jour de l'autre côté de l'Atlantique. Et nous avions ainsi tenu le plus grand paquebot du monde au creux de notre main.

Nous avions regagné l'appartement des écrivains au sommet du Building. Si celui-ci est le point culminant du port de Saint-Nazaire, *Queen Mary 2* serait deux fois plus haute. De cette terrasse on surveille comme depuis un phare, par-delà le Petit-Maroc, l'estuaire large ici comme le Bosphore à Istanbul entre l'Europe et l'Asie. Sur chacune de ces deux rives, on dit que ceux d'en face vivent « de l'autre côté de l'eau ». Ceux « de l'autre côté de l'eau » travaillaient pour nombre d'entre eux aux Chantiers de Saint-Nazaire. Et des petits-fils des bâtisseurs du *France* œuvraient à la naissance de *Queen Mary 2*. Et certains de ceux qui construisirent le *France* étaient les fils des constructeurs de *Normandie*. Comme si la fabrication du plus grand paquebot du monde était une manière d'artisanat familial.

Ceux-là depuis Mindin empruntaient chaque matin les bacs *Saint Christophe* ou *Saint Gildas* dans un enchevêtrement de cordages mouillés, d'odeurs de fioul, de vélos et de mobylettes souvent fouettés par la pluie et culbutés par le vent. Il y avait dans les ponts inférieurs des salons destinés à la lecture, aux jeux de cartes ou au sommeil. Et l'été des banquettes de bois verni en plein air sur les ponts supérieurs, supposées pouvoir être jetées à la mer et se transformer en canots de sauvetage, car nulle pièce d'or sans doute ne protégeait notre navigation.

Même pour un adolescent absolument embarqué dans sa lecture, l'approche de la rive était perceptible au battement des machines qui inversaient leur marche et vibraient sous ses pieds, au bouillonnement de l'eau crachée contre la coque et au couinement du métal frotté sur le bois des ducs d'Albe. Les ouvriers écrasaient un mégot sous une semelle et se livraient au jeu de mikado des vélos emmêlés, regagnaient la terre ferme et pédalaient jusqu'à Penhoët, reprenaient leur turbin au milieu des blocs d'acier. Si la manœuvre survenait au milieu d'un chapitre, on pouvait ne pas débarquer, continuer à lire à bord du rafiot qui repartait vers l'autre rive. Ces allers-retours cependant étaient trop brefs et n'offraient pas l'étonnant raccourci de la vie que procure la navigation au large : à l'enthousiasme du départ succède assez vite l'ennui de la traversée, et déjà l'impatience de l'arrivée.

Pendant l'été 2002, j'avais suivi les progrès de la reine à la lecture de *Marine-Hebdo*. Et je n'étais retourné aux Chantiers qu'au début de l'automne, en compagnie de Carlos Cortés qui arrivait de l'Amérique centrale, et de l'extrémité de la ligne océanique médiane qui avait été celle de Saint-Nazaire. Nous marchions sous une pluie étonnamment tiède, comme s'il l'avait amenée avec lui depuis les confins du Panama, mais dont nous protégeaient nos casques blancs Alstom.

Nous avions entrepris d'arpenter les cent cinquante hectares du chantier naval dans l'ordre chronologique de la construction, depuis l'arrivée des wagons en provenance des bassins sidérurgiques du Nord et de l'Est. À l'aide de patins électromagnétiques, des grues à pattes d'araignées en déchargeaient les tôles d'acier rectangulaires qui s'incurvaient en l'air sous leur propre poids, battaient mollement des ailes avant de s'écraser au sol, empilées. Dans l'atelier de « découpe à plat », après qu'un robot avait dessiné à leur surface un modèle qui semblait le patron d'un couturier, les tôles étaient plongées dans l'eau et soumises au rayon bleu du plasma d'où s'élevaient des fumerolles. Des centaines de milliers de pièces allaient habiller la reine, et nous avions suivi les conteneurs de convoyage numérotés qui les répartissaient dans les différents ateliers. Dans celui des « formes rondes », nous avions vu pour la première fois, posée sur des cales, l'ébauche de la cheminée unique, encore sans coiffe.

Seul Bernard Biger était autorisé à photographier et avec Carlos nous prenions des notes, dessinions dans nos carnets le dédale de cet *astillero*, reprenions notre marche sous les trombes de cet *aguacero* tropical. Des voies ferrées entortillaient leurs aiguillages et traversaient des hangars, desquels ressortaient des agencements chaque fois plus volumineux. On y lisait à la peinture quelques graffitis hâtifs, indications énigmatiques d'une équipe à la suivante qui prenait plus loin le relais, mais parfois lisible, un « bâbord » et le code du navire auquel les blocs étaient destinés, H32 ou K32, et G32 pour la reine. Ces amas de tôles assemblées étaient déposés à l'envers tout au long de la forme. Ils atteignaient alors la dimension d'un petit immeuble de deux ou trois étages et de quelques centaines de tonnes, et portaient l'indication de leur ligne de gravité – LG – à destination des élingueurs, prêts à être soulevés par l'un des deux grands portiques, le Krupp ou le Paris-2, retournés en l'air et délicatement déposés sur la coque.

Les portiques glissaient à soixante mètres au-dessus de leurs rails comme des géants débonnaires à roues de locomotives, enroulaient le gros câble tracteur sur leur treuil, envoyaient alentour leurs alarmes visuelles et sonores pour éviter d'écraser comme un vélo un camion semi-remorque inattentif. Les blocs continuaient leur culbute lente et silencieuse en plein ciel et rincés par la pluie, comme s'élevant sans effort à la verticale de la

Babel des ouvriers qui ne venaient pas tous de « l'autre côté de l'eau », ou d'eaux plus chaudes et lointaines, s'apostrophaient en grec ou en tamoul. Six navires étaient alors en cours d'assemblage ou d'armement. La plupart rejoindraient un jour l'Amérique centrale et s'en iraient franchir le canal de Panama du vieux Ferdinand de Lesseps pour entrer dans le Pacifique. Mais jamais la reine. *Queen Mary 2* serait « post-panamax ». Et jamais ne franchirait les écluses de Miraflores, ne serait halée par les petites locos noires que j'étais allé voir derrière les grillages le long du canal.

Des grues, des docks et des mouettes impassibles dans le froid de décembre : sous le soleil que lacéraient des brumes orange reflétées par l'acier bleu, c'est en compagnie de l'écrivain anglais Edward Carey, qui avait grandi dans un port anglais, que j'arpentais le *shipyard* de Saint-Nazaire. Nous étions tombés par hasard, ou en l'honneur de son arrivée, au fond d'un atelier, sur un soudeur en train d'ajuster les lettres « Queen Mary 2 ». Le bloc était encore posé tête en bas. Le soudeur en haut de son échelle, heaume de chevalier devant le visage, qui en avait fini avec la lettre « Q », assurait son équilibre en posant son brodequin sur le sommet de la lettre majuscule, et commençait à embraser de gerbes bleu et or la lettre « u ». Et nous imaginions la fierté justifiée du futur capitaine de *Queen*

Mary 2, Ronald Warwick, fils de William Warwick capitaine de *Queen Elisabeth 2*, à découvrir bientôt ce nom soudé à la proue, et à vérifier qu'il allait ainsi présider aux destinées d'un bâtiment digne de sa dynastie au long cours.

Depuis mon dernier passage, la coque avait reculé dans la cale vers la « forme profonde », halée sur quelques mètres d'eau de mer par des bracons reliés aux rails du quai. Le navire était maintenant un long hangar gris et rectangulaire percé de hublots, de plusieurs dizaines de milliers de tonnes mais toujours sans proue ni poupe, assez éloigné encore de l'idée que chacun peut se faire d'un bateau. Son bulbe d'étrave, construit par les Polonais, qui l'avaient convoyé depuis le chantier naval de Gdansk, patientait à près d'un kilomètre de la cale.

Nous étions allés prendre un verre au Skipper à la santé de ces Polonais des anciens chantiers Lénine où était né Solidarność. Edward me parlait du port anglais de son enfance maritime, de son grand-père officier de la Royal Navy et ami de Nehru, directeur de l'École navale de Bombay, de son père lui-même lieutenant de la Royal Navy et de ses propres études au Nautical College de Pangbourne dans le Berkshire, à la verticale de Southampton qui serait le port d'attache de *Queen Mary 2*, avant de devenir écrivain, et de se retrouver embarqué dans ce projet de livre. Comme si les bateaux le poursuivaient depuis l'estuaire de la Tamise jusqu'à l'estuaire de la Loire.

Les amoureux des rafiots aiment recenser leurs ports de mer qui sont des trophées dont ils font claquer les noms sur la table des bistrots comme les joueurs de dominos leurs numéros. Pendant toutes ces années où j'avais quitté celui de Saint-Nazaire qu'il venait d'ajouter à sa liste, j'en avais habité d'autres, et j'alignais sur le zinc Mascate où relâchent les pétroliers sur lège avant de franchir le détroit d'Ormuz, Montevideo où l'on guette sur le río les Buquebus blancs pour Buenos Aires en face, La Havane où le bac *Lenín* rejoint Regla, Alger où j'embarquais sur le vieil *Al-Djazaïr* pour traverser la mare aux bonites et regagner Marseille.

Gagnés par la fièvre sentimentale des départs ou la vodka polonaise, nous imaginions emprunter un jour la ligne Southampton / New York à bord de la reine, une fois sa construction et notre livre achevés, et j'avais résolu de commander le catalogue de la Cunard.

Dans le *Marine-Hebdo* du lundi 13 janvier 2003 paraissait une photographie du paquebot *Coral Princess* à son arrivée en Floride le 2 janvier, après qu'il avait quitté Saint-Nazaire le 23 décembre pour sa traversée inaugurale. La princesse, plus étroite que la future reine, franchirait quelques jours plus tard le canal de Panama avant de gagner au printemps

Vancouver et l'Alaska. En ce début de l'année 2003, cinq navires demeuraient aux Chantiers de l'Atlantique à divers stades de leur fabrication, parmi lesquels le projet B32 qui deviendrait la frégate marocaine *Hassan II*, peut-être destinée à conquérir l'île du Persil. Trois étaient des paquebots de croisière, le K32 *Lirica* italien MSC dans la forme Joubert, le D32 *Island Princess* de la P&O au quai de la Prise d'eau, le H32 *Crystal Serenity* japonais au quai de Penhoët, et le liner G32 *Queen Mary* 2 de la Cunard en forme B.

Il avait un peu neigé la veille et des petits blocs de glace luisaient sur l'acier nu. J'attendais le romancier espagnol José Manuel Fajardo qui avait vécu dans le port de Gijón. Nous allions descendre dans la « forme profonde », sept mètres en dessous du niveau de la mer, contre le bateau-écluse, haut mur mobile qui bientôt laisserait entrer l'océan pour soulever la reine. Nous étions passés sous la poupe récemment assujettie et assise sur de grands chandeliers de métal peints en jaune. *Queen Mary* 2 avait maintenant atteint sa longueur de 345 mètres. Le *France* de 315 mètres, qui depuis longtemps déjà avait perdu son nom, venait encore de perdre, près d'un demi-siècle après sa construction, le titre de plus grand paquebot du monde.

Lorsque Jules Verne, en 1867, prend passage à bord du *Great Eastern*, celui-ci, avec ses 211 mètres, était le plus grand paquebot du monde. Il écrirait pendant sa traversée pour New York le roman *Une ville flottante.*

Ce jour-là de janvier 2003, de l'autre côté du bateau-écluse, des plongeurs perçaient le fond de l'estuaire pour y enfoncer des bâtons de dynamite, destinés au déroctage d'un chenal suffisamment profond pour permettre la première sortie de la reine. À l'époque du lancement ici du *Normandie*, et même du *France*, la mise à l'eau s'effectuait sur un pan incliné de tins graissés de suif. Le navire, jusque-là maintenu sur ses accores, glissait vers l'estuaire et y enfonçait lourdement sa poupe. La proue s'élevait et retombait plusieurs fois. On disait alors qu'elle saluait. Celle du *Normandie* avait à ce point salué qu'une vague s'était abattue sur les spectateurs et les avait éparpillés sur le quai comme un banc de coquillages. Autour de la haute muraille rouge et noir, à l'étrave maculée d'une longue larme blanche de champagne, flottaient sur la mer chapeaux et foulards, sacs à main et parapluies emportés par le courant, comme les modestes offrandes d'un peuple primitif au grand monstre des vagues.

La construction des paquebots est sans cesse ponctuée, et non pas entravée, on peut du moins l'espérer, par de multiples cérémonies relevant de la crainte atavique de partir de l'autre côté de l'eau.

Quelques jours après celle, dite « de la cale sèche », qui consistait à nouveau à souder des pièces de monnaie pour signifier la fin des travaux, cette fois-ci non plus au fond de la quille dès lors inaccessible mais au pied du mât-radar, j'avais obtenu de pouvoir monter au sommet du portique Paris-2. On avait remis ma vie entre les mains d'un ouvrier nazairien pas très grand mais plutôt du genre costaud, à boucles d'oreilles nombreuses, depuis quatre ans élingueur aux Chantiers. J'avais enfilé la combinaison bleue réglementaire et coiffé le casque blanc avec l'enthousiasme et l'appréhension d'un alpiniste au dernier refuge. Mon sherpa avait ouvert une porte d'acier au-dessus des hautes roues des treuils. Après l'équivalent de deux étages d'escaliers métalliques dans l'obscurité, un monte-charge grimpait en ronronnant à l'intérieur du pilier pendant une soixantaine de mètres. C'est par une échelle que s'achevait l'ascension, pour atteindre la coursive vertigineuse en plein air.

Quelques mètres sous nos pieds s'ouvrait la gueule de la cheminée rouge et noir, elle-même soixante-dix mètres au-dessus de la quille. Le portique avait commencé à glisser sur ses rails. Les mains posées sur la rambarde, nous avions effectué un aller-retour à vitesse lente au-dessus de *Queen Mary 2* comme le chariot lumineux d'un photocopieur. Du fond de la coque encore posée à sec montait le boucan des grands coups de masse sur l'acier qui résonnait. Des *drinkmen*, vêtus d'une combinaison rouge et casqués de blanc, un bidon isotherme sur le dos, tuyau à la main, se faufilaient avec des précautions de spéléologues dans les entrailles de la reine pour aller porter du café chaud aux équipes d'ouvriers comme à des brigades de mineurs de fond. Sur notre droite, tournait une noria de camions-bennes qui paraissaient jouets d'enfants, et déversaient à tour de rôle dans la forme Jean-Bart désaffectée les rocs excavés du chenal et les boues de dragage du bassin C, lequel allait accueillir la reine pour la finition de son armement et la pose des cabines.

De cette coursive mobile en plein ciel, à soixante-cinq mètres au-dessus de l'estuaire, et dans la chaleur brumeuse du printemps, on dominait plus loin des roselières, des vasières luisantes et argentées à l'embouchure du Brivet, et plus loin encore les hangars blancs de l'usine Airbus. C'était une marée de fort coefficient et l'île aux oiseaux en profitait pour doubler momentanément sa superficie, se border de longues plages de sable blanc. Parmi ses habitants figuraient plusieurs espèces répertoriées comme gibiers d'eau, mais persuadées qu'au milieu de l'estuaire leur sécurité était garantie. Les oiseaux quittaient insouciants le couvert de la végétation arbustive et paradaient sur la grève. Derrière l'île, la « Porte monumentale » de mon Lazaret de Mindin usurpait absolument son nom, si petite vue d'ici. Et il m'apparaissait qu'en quarante-cinq ans, si je n'avais franchi à l'horizontale que ce mille nautique d'eaux douces et salées à la surface de la planète, je m'étais au moins considérablement élevé vers le ciel.

Nous étions redescendus sous le niveau de la mer, au fond de la cale débarrassée et nettoyée, étions restés là jusqu'à la sonnerie qui exigeait la libération des lieux avant l'ouverture des vannes et la mise en eau. La coque protégée par des caissons sur les bordés monterait de sept mètres le long des parois. On procéderait le lendemain matin au premier déhalage de la reine. Le bateau-écluse s'écarterait comme un huissier déférent pour laisser passer le plus grand paquebot du monde. *Queen Mary 2* effectuerait un bref trajet sur l'estuaire et partirait en armement au bassin C des supertankers.

J'avais achevé la veille la lecture du catalogue de la compagnie Cunard, où se voyaient en images de synthèse les aménagements intérieurs de ce navire encore vide, un immeuble flottant de vingt-trois étages, deux fois plus haut que le Building, et de 345 mètres de long. J'y avais appris qu'il serait possible, par « combination », de réunir plusieurs cabines et même plusieurs suites, et de disposer ainsi d'un appartement duplex de plus de deux cents mètres carrés avec ascenseur particulier. Certains peut-être se rêveront passagers perpétuels, qui vivront à bord et ne descendront plus. Ou bien de temps à autre, au hasard des escales, à New York ou à Rio, pour une promenade entre la lecture de deux chapitres. Ceux-là se croiront devenus immortels, détachés du cours des planètes et de la ronde des saisons, débarrassés de l'impatience de l'arrivée. Les manœuvres d'accostage semblent toujours infiniment longues pour celui qui déjà tient sa valise à la main, attend que la passerelle touche enfin le quai.

Le vendredi 21 mars 2003, j'avais une première fois quitté la rive sud peu après cinq heures du matin pour franchir l'estuaire sur le pont suspendu. La reine tout illuminée avait commencé de glisser dans l'obscurité sur les eaux lisses et brumeuses. Huit remorqueurs, comme de jeunes pages, tenaient ses haussières ou bien sa traîne. C'était nuit de pleine lune et grande marée de l'équinoxe. Le mascaret du printemps refoulait les eaux du fleuve vers l'amont. J'avais à nouveau traversé le pont pour venir attendre l'aube sur la plage à Mindin devant l'ancien embarcadère des bacs. La navigation était interdite pour plusieurs heures et les bateaux de pêche patientaient au mouillage. La reine évitait lentement pour aligner sa proue sur l'entrée du bassin C. Le brouillard se déchirait en lambeaux violets sur la Loire endormie. De l'île aux oiseaux ne restait qu'une touffe de maquis sur laquelle s'assemblaient ses habitants à plumes sinistrés. Il fallait à la reine encore dépourvue de moteurs cette mer étale pour être manœuvrée avec huit mètres de tirant d'eau. À moitié émergé, le bulbe d'étrave des Polonais avançait devant elle comme le dos d'une baleine rouge sur l'eau bleue. La reine sur lège le suivait, qui se dressait à présent dans les premiers rayons du soleil, plus haute sur la mer qu'elle ne le serait jamais plus.

Quelques mois plus tard, alourdie de deux cent cinquante tonnes de peinture et du poids de ses hélices et des pods propulseurs Rolls-Royce, de vingt-deux ascenseurs et de deux mille salles de bains, de quatorze bars, d'un grand nombre de restaurants et de boutiques, des huit mille volumes de la bibliothèque et de ses fauteuils club, des jeux du casino, d'un centre de thalassothérapie et d'un théâtre de mille places, d'un planétarium et d'un jardin d'hiver avec des fontaines et un piano, de la boîte de nuit G32, de cinq piscines et d'une banque, d'un fleuriste et d'un club de jazz, de dizaines de milliers de bouteilles de différents breuvages et de milliers de passagers assoiffés, la reine abaisserait sa ligne de flottaison, et son tirant d'eau atteindrait dix mètres.

Et tout cela s'en irait en grand équipage sur la mare aux harengs, mettrait cap à l'ouest sur l'océan avec majesté. Ce serait un jour d'hiver froid et très clair, avec un soleil rouge sur l'Atlantique. La reine de cent cinquante mille tonnes dont nous avions avec Jean Rolin vu l'embryon de six cents tonnes rétrécirait sur la ligne d'horizon pour s'en aller de l'autre côté de l'eau. Le bulbe d'étrave des Polonais, qui n'est pas près de remonter à l'air libre, ni sans doute de revoir la Baltique et l'estuaire de la Vistule, aurait opté comme Joseph Conrad né Korzeniowski pour la nationalité anglaise. Ce bulbe ouvrirait pour la reine le sillage sous la mer. Assemblés en masse sur les môles, les Nazairiens voient s'éloigner les grands rêves d'acier avec leur petit viatique de pièces d'or au fond de la quille, comme l'argent de poche confié avec tendresse à un enfant pour son premier voyage.

Mais avant ce départ, prévu le 22 décembre, on allait organiser des visites du mastodonte pour des invités, des familles des ouvriers qui allaient découvrir les luxueuses entrailles du paquebot. Ils emprunteraient en file indienne depuis le quai une étroite passerelle de vingt mètres de long, croiseraient sur celle-ci des équipes chargées des derniers nettoyages. Le samedi 15 novembre, Jean m'avait appelé depuis l'appartement du Building. Il entendait de nombreuses sirènes aux Chantiers. J'étais passé le prendre et nous avions gagné Penhoët. La pluie était violente et le temps noir, l'accès aux Chantiers bouclé, d'où sortaient des ambulances.

La passerelle s'était écroulée, jetant une quarantaine de personnes vingt mètres plus bas au fond de la cale sèche. On extrayait des poutrelles enchevêtrées les corps des morts et des blessés. Nous avions patienté dans un café au milieu de clients inquiets, étions allés trois jours plus tard écrire dans le livre de condoléances mis à disposition des Nazairiens. Une enquête était en cours. Cinq semaines après l'accident, c'est avec discrétion, et sans cérémonie, que la reine s'était éloignée du port.

Elle n'y était pour rien et les Nazairiens ne furent pas rancuniers. Tout ce qui touche à la mer chaque jour frôle le drame, construction ou navigation. La reine n'était revenue à Saint-Nazaire que quatorze ans plus tard, pour le centième anniversaire du débarquement ici, en juin 1917, des premières troupes états-uniennes envoyées au front. *Queen Mary* 2 prenait le lendemain le départ de The Bridge, une course entre elle et quatre voiliers multicoques de Saint-Nazaire à New York. Elle atteindrait Manhattan le 1er juillet avec deux jours d'avance sur le trimaran barré par François Gabart, et cette victoire serait son Ruban bleu.

Six mois avant le lancement de *Queen Mary* 2 à Saint-Nazaire, et deux mois après son premier déhalage, alors que j'arpentais ce chantier en compagnie des écrivains venus des ports lointains, comme un sombre passage de relais une chaudière du *France* devenu *Norway*, le précédent « plus grand paquebot du monde » construit par ce même chantier, explosait dans le port de Miami, le 25 mai 2003, et tuait plusieurs marins. Remorqué vers l'Europe, il partirait plus tard en Inde pour y être ferraillé. Sa proue d'étrave, découpée, serait exposée au Havre qui fut son port d'attache, devant le quai où avaient embarqué les passagers de la croisière inaugurale du *Normandie*.

Assis à nouveau à la terrasse de La Marine, tournant le matin les pages des quotidiens *Ouest-France* ou *Presse-Océan*, suivant le ballet des remorqueurs et le jeu des écluses, songeant à ce qu'il était advenu de ce chantier après le départ de *Queen Mary 2*, je retrouve les péripéties qu'avaient connues plus tard les deux BPC, « Bâtiments de projection et de commandement » de type *Mistral* et *Dixmude*, longtemps retenus à quai après leur finition. Quatre cents marins russes venus se former à leur maniement et en prendre livraison patientaient à bord de ce *Sébastopol* et de ce *Vladivostok*. En rétorsion à l'invasion de l'Ukraine, à l'annexion de la Crimée en cette année 2014, la vente à la Russie avait été annulée et ils étaient repartis bredouilles. Un an plus tard leur avaient succédé autant de marins égyptiens. Après qu'on avait partout substitué l'alphabet arabe à l'alphabet cyrillique, ceux-là avaient pris les commandes des deux navires rebaptisés *Anwar el-Sadat* et *Gamal Abdel Nasser*, et quitté Saint-Nazaire pour le port d'Alexandrie.

Les Chantiers de l'Atlantique continuaient de construire des paquebots non plus de ligne mais de croisière, des éoliennes marines et leurs stations électriques, devaient livrer plusieurs ravitailleurs à la Marine et attendaient la mise sur cale du prochain porte-avions. Les bureaux d'étude concevaient les premiers cargos « Solid Sail » à voiles rigides ainsi que le « plus grand voilier paquebot du monde », l'*Orient Express Silenseas* de 220 mètres. L'avionneur Airbus optait lui aussi pour des rouliers assistés de propulsion vélique, pour expédier ses sous-ensembles d'avions construits à Saint-Nazaire vers son usine d'assemblage de Mobile aux États-Unis. Dans le port, aujourd'hui, se voit au quai de Penhoët, depuis cette terrasse de La Marine, un petit paquebot de luxe pour la compagnie Ritz-Carlton. La sonnerie retentit. Les barrières s'abaissent et interdisent l'accès au Building. Le pont se dresse à la verticale. Il faut attendre la fin de la manœuvre pour quitter l'île du Petit-Maroc.

Pendant ces années où je passais mon temps entre Paris et Genève, écrivais dans un chalet des montagnes du Valais, mes bibliothèques moisissaient dans la maison de L'Océan à moitié bâtie sur la dune et trop humide. Je cherchais un appartement dans le Building où les mouvements étaient rares. Le caviste Jean-Luc Danto, qui faisait découvrir les meilleurs crus de la Loire aux écrivains du monde entier, m'avait téléphoné un matin de janvier 2015. J'étais au Soudan. Un studio se libérait qui ne resterait pas longtemps à la vente. En quelques appels à l'agence, après avoir reçu des photographies, j'avais conclu l'affaire depuis Khartoum.

J'alternais à présent les semaines entre la terrasse de mon Bistrot des Amis rue du Cherche-Midi et celle de La Marine rue de la Vieille-Ville au Petit-Maroc. Locataire à Paris, j'avais transféré au Building ma résidence fiscale, m'étais inscrit sur les listes électorales. Honorablement connu des commerçants du marché couvert, et de la patronne du café La Bretonne qui le jouxte, je reviens cuisiner le poisson dans cet appartement du Building où j'écris ces phrases, enfin légalement nazairien, vingt ans après le lancement de *Queen Mary 2*, quand il me semble que c'était la semaine dernière, tant le temps s'accélère à mesure qu'il en reste un peu moins.

l'aiguillage des rêves

Pour ceux qui connurent enfants cette ville de Saint-Nazaire dans les années soixante du siècle passé, sans doute était-il difficile de concevoir combien nous étions proches encore de la Seconde Guerre mondiale, dans cette ville détruite par les bombardements aériens de 1943, dernière poche de résistance allemande et dernier territoire d'Europe libéré, en mai 1945, près d'un an après Paris. Né douze ans plus tard, c'est à présent que je connais cette étrange et douce relativité, la folle accélération à mesure que la fin se dessine et ces allers-retours sont vertigineux, ce sentiment qu'il s'est passé moins de temps, ou d'événements notables, pendant les 66 ans que je viens de vivre depuis cette année 1957 que pendant les 66 années qui précédèrent celle-ci, depuis celle de 1891 que je connais aussi bien que d'autres que j'ai vécues, celle de la mort de Rimbaud amputé à son dernier retour à Marseille, celle du premier départ de Gauguin pour Tahiti, quelques jours plus tôt, depuis ce même port de Marseille.

Le futur gymnaste qui allait devenir mon grand-père était alors à Soissons un enfant de quelques mois. Il connaîtrait au cours des 66 années suivantes davantage de bouleversements historiques que je n'en aurai connu. Comme nombre d'hommes de sa génération, il serait amené à tuer des hommes. Mobilisé pendant les deux guerres mondiales, il avait eu la peau trouée par balles et shrapnel à Longuyon sur la frontière belge, avait été retenu prisonnier dans un camp de Bavière pendant la première et dans le camp de Chateaubriant pendant la deuxième. Il aurait pu, comme Blaise Cendrars, l'amputé de 14, écrire *J'ai tué*. Son fils qui serait mon père s'engageait à dix-huit ans dans les maquis du Lot et entrait dans la clandestinité. Ma vie fut davantage paisible que les leurs. Nous sommes en 2024. Comment accepter que les douze années qui ont séparé la Libération de ma naissance à Paimbœuf n'auraient duré que ce claquement de doigts qui me sépare, aujourd'hui, de l'année 2012, et de la transformation de la gare transatlantique de Saint-Nazaire en théâtre ?

Dans ces années soixante, par manque de comparaison avec des cités plus riantes, nous arpentions le décor des derniers décombres comme les enfants lorientais ou brestois. Ici près du port, la vaste place François-Marceau, du nom du général révolutionnaire de l'armée de l'Ouest engagée contre les Vendéens, place sur laquelle parfois mes parents laissaient la voiture le temps d'aller faire des achats rue de la Paix ou aux Nouvelles Galeries, avant de reprendre le bac pour rentrer au Lazaret : cette place telle que je la revois était encore un espace nu et gravillonné ponctué de flaques d'eau, bordé par le monstre de béton de la base sous-marine qui avait fait disparaître le quai d'embarquement des paquebots. De l'autre côté du boulevard, l'ancienne gare transatlantique, en ruines, était demeurée en l'état depuis les bombes incendiaires américaines.

Au début du siècle, la place était devenue celle de l'Amérique latine, plantée d'essences exotiques, ornée d'une haute sculpture polychrome de Federica Matta, *Le Voyage de la Sirène*. Depuis le mall à escalators du centre commercial « Ruban bleu », l'eau du bassin se voyait à travers la base sous-marine transpercée par l'architecte barcelonais Manuel de Solà-Morales, un hôtel Holiday Inn, un supermarché au-dessus duquel une rampe permettait d'accéder au toit de cette base et au jardin suspendu imaginé par le paysagiste Gilles Clément : la rénovation de l'ancienne gare transatlantique serait le dernier chantier. Elle deviendrait un théâtre et il fallait un nom à celui-ci : sans doute un judicieux cabinet conseil, consulté, avait décidé que le théâtre s'appellerait « Le Théâtre ».

Après plusieurs saisons de programmation, il prendrait le nom de Simone Veil, à présent inscrit au-dessus de l'entrée, à l'endroit où le judicieux cabinet conseil aurait peut-être préconisé d'écrire « La Porte ». Si, devant le patronyme de la ministre panthéonisée, il convient de s'incliner avec respect, celui de l'autre Simone, Simone Weil, philosophe engagée ouvrière chez Renault, proche de Trotsky, eût peut-être mieux convenu au passé ouvrier et antistalinien de la cité portuaire, lointain héritier de Fernand Pelloutier, militant libertaire, fondateur de la Bourse du travail de Saint-Nazaire.

Plus tard, à l'initiative de ce même cabinet conseil, ou d'un autre tout aussi judicieux, on écrirait en grandes lettres blanches sur la base sous-marine les mots BASE SOUS-MARINE.

C'est dans les années soixante de l'autre siècle, le dix-neuvième, que cette gare, devenue théâtre, avait entamé ses heures de gloire ferroviaire. Bâtie après la création des chantiers navals de Penhoët et de la Compagnie générale transatlantique, laquelle se voyait attribuer la ligne du milieu pour La Havane et Veracruz, pour le service postal et voyageurs, ainsi que le transport des troupes qui allaient placer Maximilien sur le trône à Mexico. Le train reliait la gare d'Orsay à celle de Saint-Nazaire, ligne directe des bords de Seine aux bords de Loire.

Le Second Empire aimait ces vastes édifices

coiffés de verrières à poutrelles en fonte vantant les prouesses du Progrès, théâtres de la modernité où s'affichaient l'essor de l'industrie, la poésie des trains et des paquebots à vapeur. En bout de ligne, une plaque tournante au sol sous la locomotive la renvoyait à Paris, pendant que les voyageurs traversaient le boulevard, empruntaient l'échelle de coupée des navires, partaient pour les Amériques.

Plaçons sur l'actuelle rampe, au-dessus de ce boulevard, une caméra fixe capable de saisir en plongée les visages de tous ces voyageurs, ces dizaines de milliers d'anonymes dont les vies ont sombré dans l'abîme : nous reconnaissons certains de nos glorieux vagabonds, tous ceux-là dont je croise encore les fantômes quand je marche seul dans la base sous-marine, qui se hâtent et parcourent à pied la centaine de mètres entre le quai des navires et le quai des trains, les uns sur le départ et les autres à leur retour. Le film sautille un peu, il est en noir et blanc, comme aux débuts du cinématographe. Parmi le foisonnement et la fébrilité des portefaix, des entassements de malles et de ballots, les voitures à chevaux, cet homme au regard sévère, à la barbiche d'époque, c'est Ferdinand de Lesseps en 1886, le perceur d'isthmes. Celui dont le canal de Suez a fait de l'Afrique une île revient du Panama avec dans son cartable les plans d'un nouveau canal, cette fois transocéanique. Et un an plus tard, en avril 1887, les peintres désargentés Charles Laval et Paul Gauguin montent ici à bord du *Canada*, partent manier la pioche sur le chantier de percement du canal au milieu des jungles. Ils emportent leurs brosses et leurs pinceaux et leurs couleurs en tubes de zinc. Ils finiront malades et épuisés en Martinique.

En 1893, celui-là, chapeau noir et moustaches en guidon de vélo, costume noir et chaîne de montre, c'est l'immense poète nicaraguayen Rubén Darío, le père de la poésie moderniste latino-américaine, envoyé diplomate en Europe. Et avant cela, dans le froid de février 1872, cette jeune femme triste, égarée, c'est Adèle Hugo devenue folle d'amour au long de ses errances solitaires aux Amériques. Elle est escortée, frissonne en robe de cotonnade indienne. C'est son dernier retour. Elle débarque en provenance de la Barbade. Son père Victor la fera interner à Saint-Mandé dès sa descente du train à Orsay.

Sur l'image en noir et blanc les automobiles remplaceront peu à peu les fiacres, peu à peu le film passera à la couleur et ce sera la guerre. Après 1914, moins de paquebots et davantage de cargos. En 1917, le 28 juin, trois ans jour pour jour après l'attentat de Sarajevo, les États-Unis d'Amérique débarquent leurs troupes dans le port de Saint-Nazaire et se joignent au conflit mondial. Depuis cette gare leurs officiers vont à Paris négocier la stratégie. Ici les hommes introduisent la musique de jazz et creusent l'étang du Bois-Joalland pour approvisionner leur base. C'est la victoire et ils repartent. Ce sont les Années folles, la course au Ruban bleu, les voyageurs affluent. De plus en plus de paquebots et de plus en plus de trains. Dans cet homme de haute stature qui bouscule les passagers à sa sortie de la gare en 1925 nous reconnaissons à sa carrure de boxeur qui fend la foule le poète russe Vladimir Maïakovski. Il s'en va rencontrer à Mexico Diego Rivera et Frida Kahlo. Il écrira en mer pendant la traversée *Océan Atlantique* et *Philosophie superficielle en des lieux profonds.*

Deux ans après lui, le poète français Robert Desnos et le futur prix Nobel guatémaltèque Miguel Ángel Asturias prennent leurs cabines sur l'*Espagne*. Au retour, Desnos aidera Alejo Carpentier, le romancier du « real maravilloso », à fuir La Havane : à son débarquement, le *caballero* cubain découvrira, horrifié, les mœurs alimentaires du Vieux Monde, et la devanture d'une boucherie chevaline à Saint-Nazaire. En novembre 1936, cet homme halluciné à la démarche saccadée, qui descend du *Mexique* et file vers la gare de l'autre côté du boulevard, c'est Antonin Artaud en provenance de Veracruz et La Havane sur cette même ligne régulière, retour de son séjour auprès des Indiens Tarahumaras, avec dans ses bagages ses *Messages révolutionnaires* et ses notes pour *Le Théâtre et son double* qui paraîtra dans deux ans. En 1939 au début d'une autre guerre, Lucia Joyce, folle à son tour comme Adèle Hugo, est évacuée d'une maison de santé à Ivry-sur-Seine par crainte des hostilités. Une ambulance l'attend à l'arrivée du train et l'emmène vers une clinique à Pornichet, où son père James lui rendra visite une dernière fois, avant de gagner la zone libre et d'aller mourir à Zurich.

Enfin l'élégant romancier russe et lépidoptériste, sa femme et son fils, sortent de la gare et s'en vont attendre inquiets dans un hôtel le dernier embarquement civil. Vladimir Nabokov poursuit contre son gré sa course vers l'ouest, après avoir fui la révolution bolchevique, de Saint-Pétersbourg à Berlin puis Paris, il part pour son exil en Amérique : « Au cours de l'automne 1939, nous retournâmes à Paris et, vers le 20 mai de l'année suivante, nous étions à nouveau près de la mer, cette fois sur la côte ouest de la France, à Saint-Nazaire. » C'est peu avant l'arrivée ici des Allemands. Il achèvera son autobiographie européenne, *Autres rivages*, sur ces images nazairiennes : « Derrière les bâtiments qui nous faisaient face, le paquebot *Champlain* nous attendait pour nous emmener à New York ». Le *Champlain* construit aux Chantiers de l'Atlantique franchit l'écluse, gagne le large, les Nabokov sont sauvés.

Le *Champlain* explose à son retour sur une mine et sombre au large de La Rochelle le jour même où le *Lancastria* est coulé devant Saint-Nazaire. Dès son arrivée, la Kriegsmarine entreprend les travaux de la base sous-marine et de l'écluse fortifiée sur le bassin d'évitage des paquebots. La gare transatlantique, qui n'a plus raison d'être, ferme ses portes. Les bombardements alliés tentent de percer la base des sous-marins dont le toit est une dalle en béton armé de plusieurs mètres d'épaisseur. Le 3 janvier 1943, une escadrille de B-17 et de B-24 décolle d'Angleterre. À bord de l'une de ces forteresses le jeune Alan Eugene Magee est tirailleur de tourelle. Son avion est touché par la défense antiaérienne. La tourelle explose. Sans oxygène il perd connaissance, chute dans le vide, s'écrase sur la verrière de la gare et reste suspendu inconscient aux poutrelles. Il sera libéré d'un camp de prisonniers en 1945. Lorsque l'ancien aviateur revient à Saint-Nazaire pour la première fois, cinquante ans plus tard, la base sous-marine est investie par l'activité culturelle et touristique, un musée des paquebots, une salle de concert, un restaurant, et sur son toit le radôme de l'aéroport berlinois apporté par l'architecte allemand Finn Geipel. En face, la gare transatlantique est toujours en ruines et délaissée.

C'est que, s'agissant du théâtre et du label « Scène nationale », Joël Batteux, jeune élu à l'époque de l'opération Canard sauvage d'Armand Gatti, devenu maire, était plutôt réticent, nourrissait la crainte que l'État s'immisçât trop dans la vie artistique nazairienne, que des professionnels oublieux des singularités du passé local se fissent programmateurs de spectacles en tournées. Un projet comme celui du Canard sauvage aurait-il vu le jour sur une Scène nationale ? Le Fanal où l'expérience avait eu lieu, de l'autre côté de la ville, près de la bibliothèque, avait cependant obtenu le label au début des années quatre-vingt-dix : dans le projet d'urbanisme Ville-Port, et la volonté de rapprocher la ville des bassins, la décision était prise. La rénovation de la dernière séquelle de la guerre commençait en 2010. Longtemps après que son homologue, à l'autre bout de la ligne, la gare d'Orsay, était devenue musée de l'impressionnisme, la gare transatlantique de Saint-Nazaire allait devenir un théâtre.

Mais avant cela, en 1995, l'écrivain colombien Orlando Sierra Hernández arrive de Manizales, entre Bogotá et Medellín, invité par la Maison des écrivains étrangers et des traducteurs, et s'installe dans l'appartement au sommet du Building où nous nous rencontrons une première fois. C'est un homme fluet de trente-six ans, le cheveu noir. Il est aussi journaliste, a fait paraître trois recueils de poèmes, souhaite profiter de ce retrait pour s'essayer au roman. Il découvre les fantômes qui hantent l'appartement et les œuvres publiées ici par ses devanciers latino-américains, parmi lesquelles *Meditaciones de Saint-Nazaire* de l'écrivain cubain Reinaldo Arenas, qui cinq ans plus tôt avait quitté Saint-Nazaire pour aller se suicider à New York, livre dont il pourrait reprendre à son compte la dernière phrase : « Je voudrais seulement demander à ce ciel resplendissant, à cet océan qu'il m'est donné de contempler pour quelques jours encore, d'abriter ma terreur. » La nuit, Orlando sort de l'appartement, marche dans la ville, seul, voit l'ancienne gare transatlantique, dont la façade est alors drapée de voiles blancs destinés à ralentir l'effritement des pierres. Ils ondulent au vent. Il n'est pas difficile de se glisser la nuit à l'intérieur du lieu à l'abandon.

Orlando imagine les spectres qui hantent ces quais le long de la voie de chemin de fer oubliée, où tous les Nazairiens se retrouvent en rêve chaque nuit, s'assoient dans les compartiments du train, puis s'évanouissent à l'aube, et s'éveillent dans leur lit. Seul dans l'appartement au sommet du Building, il compose un texte proche du réalisme magique de son compatriote Gabriel García Márquez, quitte la ville avec son manuscrit inachevé, reprend son activité de journaliste à *La Patria*. Trois ans plus tard, en 1998, il publie *Democracia, política y paz – Elecciones en el Eje Cafetero*. Le sujet est épineux. En 2002, il reçoit le prix du meilleur journaliste d'opinion et une balle dans la tête. Parmi ses manuscrits inédits, sa veuve envoie à Saint-Nazaire *La estacíon de los sueños*. Voilà le nom magnifique qui eût convenu à ce théâtre : « La Gare des rêves ».

Alors que la transformation de celle-ci était déjà prévue, le roman avait paru en édition bilingue en 2007, accompagné d'une préface que je concluais ainsi : « On aimerait que demeurent au sol ces quelques rails imaginés par Orlando Sierra Hernández. » On ne m'écoute jamais. Pourtant, au début des travaux, au printemps 2010, j'avais avec Joël Batteux manié la truelle, scellé un exemplaire de *La Gare des rêves* dans un moellon creux destiné à intégrer l'un des murs en construction. Mais aucune plaque semble-t-il pour indiquer cette capsule temporelle confiée aux générations futures, pas non plus de traces du passé ferroviaire du lieu. Un jour, on peut l'espérer, seront posés ces fameux rails d'acier inoxydable et étincelant que j'imaginais au sol du hall. Peut-être les étudiants de l'École des beaux-arts qui à présent borde le théâtre s'empareront du projet, retrouveront au stéthoscope le moellon creux, accrocheront les portraits des glorieux vagabonds qui arpentèrent ce hall, l'esprit empli de leurs rêves américains, levèrent des yeux inquiets vers l'horloge. Et peut-être même on retrouvera, dans quelque hangar patrimonial, la grande horloge du fronton de la gare qui avait échappé aux bombes, soutenue par deux statues monumentales en marbre blanc copiées de Michel-Ange, *Le Jour* et *La Nuit*. Et sur le mur en dessous de cette horloge, là où le judicieux cabinet conseil proposerait sans doute d'écrire « L'horloge », on graverait ces vers de Blaise Cendrars dans *Le Panama ou l'aventure de mes sept oncles* :

Paris-adieux
C'est rigolo
Il y a des heures qui sonnent
Quai d'Orsay – Saint-Nazaire !

en mer

« Le 18 mars 1867, j'arrivais à Liverpool. Le *Great Eastern* devait partir quelques jours après pour New York, et je venais prendre passage à son bord. »

Telles sont les deux premières phrases du roman de Jules Verne *Une ville flottante.*

Le 14 janvier 2024, j'arrivais à Singapour. Le *Solstice* devait partir quelques jours après pour Hong Kong, et je venais prendre passage à son bord.

Depuis des années, j'avais surtout cherché à descendre ou remonter les fleuves, le Congo et l'Amazone, le Gange et le Mékong et la Loire, navigations qui me semblaient concilier la phrase de Pascal selon laquelle tout le malheur des hommes vient de ne savoir pas demeurer en repos dans une chambre et le goût des paysages lentement observés depuis une cabine au fil de l'eau. J'avais adolescent traversé la Manche à la voile vers Portsmouth puis Amsterdam et plus tard depuis Marseille emprunté les ferries pour l'Algérie : parce que je n'avais vu à Saint-Nazaire que des paquebots en construction, assisté à leur lancement sur l'estuaire, l'idée m'était venue de monter enfin à bord d'une de ces villes flottantes, et d'accepter la proposition qu'on me faisait de voyager à bord du *Solstice*.

Le *Great Eastern* ou « Grand Oriental » de Jules Verne était sur la ligne d'Amérique le successeur du *Great Western* ou « Grand Occidental », vainqueur du Ruban bleu. Le *Great Eastern* avait été conçu pour gagner l'Orient et les Indes par le cap de Bonne-Espérance. Peu après son entrée en service, c'est le creusement du canal de Suez et son gigantisme n'est plus rentable. Il est alors, avec ses 211 mètres, le plus grand paquebot du monde. Le *Solstice*, comme le *France* qui fut en 1960 à son tour le plus grand paquebot du monde, mesure 315 mètres, et le record lui avait été ravi en 2003 par le *Queen Mary* 2 de 345 mètres.

Avant l'embarquement, j'avais patienté dans la touffeur de Singapour et parcouru le quartier malais pour y chercher la mosquée Masjid Sultan de la Muscat Street. Au quartier indien, j'avais pu, à l'écart de la Campbell Lane aux boutiques tamoules, au fond d'une ruelle encombrée de chariots, de détritus et de poubelles que les autorités souhaitent soustraire aux regards, grâce à la complicité de livreurs en pagne assis sur leurs talons le long d'un mur, enfin allumer illégalement une cigarette en leur compagnie.

Au quartier anglais près du Raffles, un groupe d'écoliers en uniforme rouge et noir écoutait une institutrice, les yeux levés vers la statue en pied du fondateur de la ville, statue blanche devant un frangipanier à fleurs blanches et la façade blanche immaculée du palace, sur Beach Road, qui fut au bord de la mer et à présent derrière les gratte-ciel bâtis sur les terres artificielles. Comme dans l'hôtel Royal-Raffles de Phnom Penh se voit ici un Writers Bar, à la mémoire non pas comme au Cambodge d'André Malraux ou de Graham Green, mais en l'honneur de Rudyard Kipling, Joseph Conrad et Somerset Maugham qui ouvrirent sur les tables de bois verni leurs carnets, et sans doute fumèrent le cigare.

Vers l'Amérique, c'est sur les traces du romancier et marin Fenimore Cooper que naviguait Jules Verne. Il allait suivre celles du dernier de ses Mohicans jusqu'aux chutes du Niagara.

On m'avait attribué une cabine au pont 8 sur tribord. La ville flottante comptait dix-neuf ponts, mais comme toujours pas de pont 13, précaution étrange, puisque dans l'éventualité d'un naufrage les occupants de ce pont 13 ne seraient pas davantage noyés que ceux des ponts 12 et 14. Accoudé au bastingage du pont supérieur, j'avais attendu le puissant coup de corne et les manœuvres du départ avant de chercher un endroit équivalent à ce que Jules Verne décrivait comme « un assez vaste roufle désigné sous le nom de “smoking-room”, la chambre à fumer, le véritable estaminet de cette ville flottante, magnifique café éclairé par quatorze fenêtres, plafonné blanc et or, lambrissé de panneaux en citronnier ».

Je fumais au MastBar moins somptueux, assis dans un fauteuil en bordure de la piste sur laquelle nombre de passagers se livraient à leur footing matinal et à chaque tour me voyaient déguster ma cigarette, tranquille et en paix, sans sudation excessive. Puisque le navire de la proue à la poupe mesure 315 mètres, en comptant la largeur de ce pont cette piste doit atteindre les 700 mètres et c'est assez, avec le roulis, pour risquer pendant la course une chute et une luxation de la hanche ou du genou, au pire une crise cardiaque, et je me demandais si, en ce cas, une chambre froide était disposée à accueillir les corps des défunts, puisqu'on ne se livre plus à la coutume de l'immersion, petite cérémonie pourtant susceptible de nous distraire en mer.

La dépouille de Gustave Viaud, le frère aîné de Julien Viaud devenu Pierre Loti, avait ainsi été mise dans l'eau pas très loin d'ici, dans le détroit de Malacca au sud de Singapour. Et Jules Verne décrivait une même cérémonie à bord du *Great Eastern*.

« Le corps du matelot, cousu dans un morceau de toile et fixé sur une planche avec un boulet aux pieds, était porté par quatre hommes. Le pavillon britannique enveloppait le cadavre. » Les passagers silencieux sont assemblés sur le pont. « Sur un signe du capitaine, le corps, enlevé par les porteurs, glissa jusqu'à la mer. Un instant, il surnagea, se redressa, puis il disparut au milieu d'un cercle d'écume. »

Si la compagnie Celebrity faisait depuis des années construire ses paquebots par les Chantiers de l'Atlantique à Saint-Nazaire, le *Solstice* plus ancien avait été bâti par les chantiers Meyer Werft à Papenbourg. C'était ainsi la deuxième fois que je montais à bord d'un navire conçu par ces chantiers navals allemands.

En 1913, on y avait assemblé le *Graf von Götzen*, aussitôt démonté et expédié en pièces détachées à Dar es-Salaam alors colonie allemande de l'Ost-Afrika. Les milliers de caisses avaient gagné par le train et à dos d'homme la rive du lac Tanganyika et le navire mis à flot à Kigoma en 1914. Après leur défaite navale en 1916, les Allemands l'avaient sabordé. Les Anglais l'avaient renfloué en 1924. En 1935, Cecil Scott Forester écrivait son odyssée dans *African Queen* et John Huston l'adaptait plus tard pour le cinéma. Lorsque j'y avais réservé en 2006 un passage à destination de Mpulungu en Zambie, le navire, rebaptisé *Liemba*, était le plus vieux transport de passagers encore en service dans le monde.

La ville flottante de Jules Verne mesurait trois fois la taille du *Liemba* mais seulement les deux tiers du *Solstice*. Assis dans la bibliothèque du pont 10, fauteuils de cuir et rayonnages sur lesquels tous les livres étaient en anglais, je lisais la description de sa cabine à bord du *Great Eastern*. « C'était une petite chambre, bien éclairée par deux larges hublots », écrivait-il. « Un canapé, une couchette, une toilette la meublaient suffisamment. » La mienne était plus vaste : une penderie, un meuble à tiroirs dans lequel est encastré un réfrigérateur, un bureau sur lequel reposent une petite pile de livres et mes carnets, un canapé devant une table basse, une salle de bains, un grand lit aux coins arrondis devant la baie vitrée qui ouvre sur la terrasse équipée de deux fauteuils et d'une table ronde. Le *Solstice*, avec ses deux cheminées noir et bleu, respectait la ligne classique d'un paquebot, loin des parcs d'attractions flottants multicolores de certains *cruise ships* américains au kitsch miamesque, faisait preuve d'une retenue tout européenne.

Trente ans plus tôt, en janvier 1994, je dînais pour la première fois au Skipper sur le port de Saint-Nazaire. Le quotidien *Ouest-France* publiait chaque jour à l'époque la chronique « Où sont nos navires ». C'est à présent sur les sites *Marinetraffic*,

Shiptracking et *Shipfinder* qu'il faut aller chercher la position de ces petits fragments de Saint-Nazaire disséminés sur les mers. Avant mon départ pour l'Asie, le mardi 26 décembre 2023 MSC *Euribia*, livré en mai, mouillait devant Rotterdam, MSC *Europa* était à quai à Palerme en provenance de Civitavecchia, *Wonder of the Seas* quittait la Floride pour l'île de Cozumel. J'avais localisé les deux paquebots construits pour l'armateur du *Solstice*. *Celebrity Ascent*, livré fin novembre, et que j'avais vu sortir sur l'estuaire, quittait Nassau à destination de la côte caraïbe du Mexique. *Celebrity Beyond* patientait à l'entrée du canal de Panama.

Le ravitailleur de forces de la Marine nationale *Jacques Chevallier*, livré en juillet, ne communiquait pas sa position. Le BPC *Dixmude* quant à lui, stationnaire devant la côte égyptienne, soignait dans son hôpital de campagne des blessés dans les bombardements de la bande de Gaza.

Le *Great Eastern* est lourd et lent, qui accueille en 1867 sur cette croisière transatlantique mille trois cents passagers. Après une première faillite, il est armé par une compagnie française, la Société des affréteurs du *Great Eastern*. Je lisais chez Jules Verne des mots abandonnés, ainsi les gilets de sauvetage qu'il appelle « ceinture natatoire en liège », et beaucoup d'anglicismes mais aussi une fierté nationale : « C'est un navire anglais qui nous emporte, mais il est affrété par une compagnie française, et il nous conduit en Amérique. Trois pavillons différents flottent sur notre tête, et prouvent que nous foulons du pied un sol franco-anglo-américain. »

Au réveil en mer, allongé devant la baie vitrée ouverte, faible roulis, les rideaux dansent mollement. La petite terrasse où sont les deux fauteuils sur le deck. Le bruit de la mer remuée par la vague d'étrave. La chaleur est humide et le bois blond de la main courante, moite. La ligne d'eau bleu sombre sur le bleu ciel. Pas un seul navire sur l'horizon marin sans fin, aucune côte, aucune île. La baie ouverte la nuit laisse entrer les odeurs lourdes des mers chaudes. Nous quittons l'équateur pour monter vers le tropique, longeons la côte malaise, où Joseph Conrad suivait le marin lord Jim, que sa mauvaise conscience et son remords jetaient de port en port, où Jean Echenoz avait placé des péripéties de son roman *L'Équipée malaise*. On ne voyage jamais que dans la bibliothèque. En 2008, j'avais édité un livre d'échanges épistolaires entre Jean Echenoz et Enrique Vila-Matas, *De l'imposture en littérature*, et je les avais invités à Saint-Nazaire. *Ravel* avait paru plus tôt et j'avais proposé à Denis Podalydès de venir en donner une lecture. En 1927, lorsque le compositeur monte à son bord à destination de New York, le *France* deuxième du nom était, écrivait Echenoz, lisait Podalydès, le « Navire amiral de la flotte qui assure la traversée transatlantique, c'est une masse d'acier riveté coiffée de quatre cheminées dont une décorative, bloc long de deux cent vingt mètres et large de vingt-trois, sorti voici vingt-cinq ans des Ateliers de Saint-Nazaire-Penhoët ».

Ce *France* deuxième du nom, que les Anglais selon leur coutume auraient baptisé *France* 2 ainsi que le *Queen Mary* 2, avait effectué sa croisière inaugurale sur l'Atlantique en 1912 quelques jours après le naufrage du *Titanic* de 269 mètres et quatre cheminées. Dans les mois qui suivent la catastrophe, le capitaine au long cours Joseph Conrad, après toute une vie à la mer, ne décolère pas. « Vous construisez un hôtel de quarante-cinq mille tonnes, fait de fines tôles d'acier, pour assurer la sécurité d'une clientèle, disons, de quelques centaines de riches particuliers (car s'il ne s'était agi que d'immigrés, de telles exagérations n'auraient jamais été commises) ; vous le décorez dans un style Pharaon ou Louis XV – j'ignore lequel – et, pour plaire à cette petite poignée d'idiots qui possèdent plus d'argent qu'ils n'en peuvent dépenser, vous lancez cette masse sur les eaux, sous les applaudissements de deux continents, avec deux mille personnes à bord et à une vitesse de vingt et un nœuds – démonstration de cette foi aveugle dans la modernité de simples machines et d'ineptes matériaux. Puis le drame se produit. »

Il continuera dans les journaux anglais de pourfendre cette course au gigantisme. « À la lecture des rapports, ce qui nous vient à l'esprit, c'est que, si ce malheureux navire avait été plus court de quelques centaines de pieds, il aurait très probablement échappé au pire. Il est vrai qu'il n'y aurait eu alors ni piscine ni café français. » Conrad imagine l'avenir, des paquebots de plus en plus démesurés avec de moins en moins de marins. « Vous êtes de quart de nuit sur le pont d'un navire de cent cinquante mille tonnes, équipé d'une piste de course, d'une salle de concert avec grandes orgues, etc., avec un plein chargement de passagers, un équipage composé de mille cinq cents garçons de café, deux marins, un mousse et trois canots démontables. »

Dans la base sous-marine de Saint-Nazaire, devant le clavier où couraient les doigts de la pianiste, avec le bassin du port en arrière-plan, dans la fraternité des solitaires qui, sans les livres, seraient demeurés ignorants les uns des autres, nous étions ce matin-là de 2008 assis côte à côte au premier rang, Jean, Enrique et moi devant le piano à queue, et j'ignorais alors qu'Enrique avait faim.

Je l'apprendrai un an plus tard, lorsqu'il m'enverra pour publication dans le panorama bilingue Madrid / Copenhague un texte intitulé *Impresiones de Saint-Nazaire*, dont la première phrase est un rappel, ou un écho, de la dernière phrase nazairienne de Nabokov dans son autobiographie *Autres rivages* : « Je quitte pour quelques jours New York sous la pluie et je pars pour Saint-Nazaire sur la côte atlantique française. » Puis dans sa chambre de l'Holiday Inn où nous étions logés : « J'ai encore quelques heures avant midi où je dois me rendre à un concert de piano de pièces de Ravel en hommage à *Ravel*, le livre de Jean Echenoz. »

À son retour, à New York ou Barcelone : « J'ai quitté Saint-Nazaire, sur la côte atlantique française, mais j'ai continué à penser à la ville, me penchant sur elle fréquemment, comme refusant de la quitter. » Il reprend son séjour un an plus tôt : « Je regarde le paysage naval et je me souviens que dans *Ravel*, le roman d'Echenoz, il y a un transatlantique, le *France*, à bord duquel Ravel se rend à New York. C'est un paquebot qui a encore neuf années d'activité devant lui, nous informe Echenoz. » Ce *France* quittera Le Havre et partira en démolition le 15 avril 1935, un mois avant le départ du *Normandie*, depuis ce même quai, pour sa croisière inaugurale vers New York.

La carrière maritime de ce *France* deuxième du nom, le « Versailles des mers », lancé en 1912 par la Compagnie générale transatlantique à Saint-Nazaire, aura été longue et héroïque. Bien avant d'accueillir Maurice Ravel à son bord en 1927, il avait pris la mer en urgence le 4 août 1914, lendemain de la déclaration de guerre, avec deux mille quatre cents passagers, la plupart citoyens américains fuyant le conflit à destination de New York. Cent dix ans plus tard, le *Solstice* aux deux mille quatre cents passagers est au mouillage devant l'île de Ko Samui. Depuis le pont supérieur, j'observe les bossoirs mettre à l'eau les chaloupes et des passagers descendre à terre.

Après une sieste, je constate que le navire a évité sur ses ancres. Des collines vertes et brumeuses hérissées de cocotiers au-dessus d'une mer chaude et molle sont venues se dresser devant ma terrasse. Ou bien par un habile subterfuge, des hommes tournant des manivelles, l'une à la proue l'autre à la poupe, feront défiler devant ma cabine à chaque escale les toiles peintes d'un panorama. La mémoire involontaire retrouve ces vers qui semèrent dans l'esprit d'un enfant le goût des voyages vers « Une île paresseuse où la nature donne / Des arbres singuliers et des fruits savoureux ». Assis dans un fauteuil, je reprends ma lecture et mes notes, devant la végétation immobile et ensoleillée.

Vingt-six ans après que le *France*, au début de la Première Guerre mondiale, avait permis à deux mille quatre cents passagers de fuir le conflit, Vladimir Nabokov, sa femme et son fils empruntent au début de la Deuxième Guerre mondiale la même route maritime depuis Saint-Nazaire vers New York à bord du *Champlain*. Enrique Vila-Matas écrit que plus tard, le *New Yorker* avait choisi de publier en exclusivité des extraits d'*Autres rivages* avant la parution du livre, parmi lesquels les dernières phrases consacrées au départ de Saint-Nazaire à bord du *Champlain* en mai 40. Les correcteurs du journal, selon Vila-Matas, « prétendirent changer la couleur de la cheminée, ce qui entraîna une lettre de Nabokov dans laquelle il leur disait que, désirant rester absolument fidèle à la vision qu'il avait de son propre passé, il ne pouvait changer la couleur de la cheminée, mais que si cela était nécessaire, il pouvait omettre de la mentionner : "Comme je suis absolument certain (de même que ma femme et mon fils) que la cheminée était blanche, je peux juste supposer qu'elle a été peinte en blanc sur ordre des autorités militaires de Saint-Nazaire et qu'ils ont pris cette liberté avec la cheminée du *Champlain* sans en aviser la succursale américaine de la ligne française" ».

Le *Champlain* avait explosé sur une mine à son retour vers les côtes françaises et sombré en juin 40. L'envoi d'un sous-marin et d'une équipe de plongeurs au large de La Rochelle pourrait peut-être résoudre l'énigme. Sur la seule photographie d'archive à ma disposition, le *Champlain*, à quai près du *Normandie*, présente son unique cheminée, rouge et noir, ce qui ne prouve rien.

En tout endroit du monde, il est réconfortant d'établir des routines éphémères. Si le navire compte un grand nombre de restaurants et de bars, c'est à l'Oceanview Café que chaque jour je déjeune, et dîne chaque soir au Grand Éperney, vois ces petites traces françaises dans le respect des accents aigus et le choix de la ville champenoise, et songe à la différence, dans l'imaginaire maritime, selon le genre grammatical que la langue française et l'anglaise attribuent au paquebot : s'il est masculin en français, il est en anglais féminin et non pas neutre, comme une vulgaire automobile ou un avion. « The Liner she is a lady », ainsi que le rappelle le poème de Rudyard Kipling.

Après le déjeuner, comme Jules Verne je me promène sur le pont avant de rejoindre ma cabine : « Le lunch terminé, les roufles se peuplèrent de nouveau. Les gens se saluaient au passage où s'abordaient comme des promeneurs de Hyde Park. Les enfants jouaient, couraient, lançaient leurs ballons, poussaient leurs cerceaux, ainsi qu'ils l'eussent fait sur le sable des Tuileries. La plupart des hommes fumaient en se promenant. » Il remarquait aussi que « Quelques gros Américains pansus se balançaient sur leurs chaises à bascule », et je découvrais ainsi que le soda noir pétillant, dont l'invention fut bien plus tardive, ne pouvait être tenu seul responsable de ce penchant à l'excédent pondéral.

Pendant cette croisière transatlantique à bord

du *Great Eastern*, il côtoie des officiers britanniques de l'armée des Indes en congé pour un an. Chasseurs, comme le légendaire Jim Corbett traqueur des tigres du Bengale, ils feront un tour du monde après leur arrivée à New York. « Nous visiterons les Grands-Lacs. Nous redescendrons le Mississippi jusqu'à La Nouvelle-Orléans. Nous ferons une battue sur l'Amazone. De l'Amérique nous sauterons en Afrique, où les lions et les éléphants se sont donné rendez-vous au Cap pour fêter l'arrivée du capitaine Corsican, et de là, nous reviendrons imposer aux Cipayes la volonté de la métropole ! » C'était en 1867, moins de dix ans après la répression coloniale de la révolte indépendantiste des cipayes en Inde.

Les quelques passagers français que je rencontre à bord du *Solstice* sont davantage pacifiques. Ils ont cependant en commun d'avoir eux aussi beaucoup voyagé, et pour nombre d'entre eux de vivre ou d'avoir vécu loin du territoire national, ainsi ce couple habitué de la croisière transatlantique à bord du *Queen Mary* 2 de Southampton à New York, navire dont ils regrettent l'élégance supérieure à celle du *Solstice*, mais le paquebot anglais ne navigue pas dans ces parages asiatiques, ainsi cet autre couple dont le mari, ancien de l'École navale de Brest, qui a fait le tour du monde sur la *Jeanne* avant de sillonner les fonds dans plusieurs sous-marins nucléaires pendant vingt-cinq ans, puis de diriger un chantier naval en Afrique. Mais les plus grands voyageurs à bord sont encore les navigants, ainsi Ahmed, le majordome de ma coursive du pont 8. Indonésien, depuis onze ans au service de la compagnie, une femme et un enfant à Djakarta. Cette année son contrat est de sept mois. Après Hong Kong, il suivra la marche du navire vers Vancouver, travail moins ingrat sans doute que beaucoup d'autres, le bord offrant tous les services nécessaires à la vie matérielle, de la clinique au salon de coiffure. On ne peut que regretter l'absence d'un kiosque à journaux.

Un seul paquebot ce sont toujours deux bateaux enfilés l'un dans l'autre, celui des passagers et celui de l'équipage, des marins aux cuisiniers. Ces deux mondes communiquent par les passages dérobés de portes blanches sur lesquelles se lisent les injonctions « Restricted Area – Authorized Personnel Only » ou encore « Crew Only ».

Dès l'embarquement, j'ai sollicité de pouvoir visiter la salle des machines, attends une réponse.

À bord du *MV Liemba* en 2006, une telle requête était inutile. La porte de la chaufferie restait ouverte sous la fumée noire du mazout. La destinée mouvementée de ce navire sur les eaux du lac Tanganyika illustrait la compétition de la marine et de l'aviation naissante. Si au début de la Première Guerre mondiale il fut le maître du lac, ses canons, conçus pour tirer sur la rive ou des embarcations, ne pouvaient se dresser à plus de soixante degrés. C'est une attaque d'hydravions qui avait mis fin à sa suprématie. Cependant ces efforts immenses des Allemands pour aller mettre à l'eau un navire sur les eaux du lac à plus de sept cents mètres d'altitude au cœur de l'Afrique ne furent pas vains puisqu'il navigue encore, et ces efforts sont comparables à ceux des Anglais qui avaient en 1868 expédié en pièces détachées la canonnière *Yavarí* depuis la côte péruvienne à travers la cordillère des Andes à dos de mulets. Assemblée à Puno où je l'avais vue à quai en 2015, elle naviguait sur les eaux du lac Titicaca, à près de quatre mille mètres d'altitude, et surveillait la frontière liquide entre le Pérou et la Bolivie.

En 2024 et au zéro du niveau de la mer, à mesure que le *Solstice* approche du golfe de Thaïlande il croise la route de cargos rouliers et de porte-conteneurs, de bâtiments militaires. Puis c'est la majestueuse entrée dans le port de Laem Chabang, l'hymne à l'industrie des centaines de grues en manœuvre. Les pods latéraux du navire font bouillonner l'eau devant l'étrave qu'ils amènent à quai. À six heures du matin sort de la brume un soleil levant rouge et or sur la mer d'huile. Manquait à Monet la splendeur industrialo-portuaire, les hautes girafes noires des portiques du terminal conteneurs dont le reflet ondule sur l'eau du bassin, beauté insoupçonnée pour qui pendant de nombreuses années arrivait à Bangkok par les airs.

Jamais je n'avais pris le temps depuis la capitale et le quartier de Sukhumvit de descendre jusqu'ici, à des dizaines de kilomètres. Même si les cheminées des paquebots ne crachent plus, comme celles du *Great Eastern*, les fumées noires du charbon, ils sont souvent consignés loin des villes et c'est une sage décision. Le *Solstice* est à quai et ma cabine immobilisée devient chambre d'hôtel avec balcon sur le bassin du terminal, les dizaines d'hectares la nuit embrasés par les projecteurs de lumière blanche et les feux clignotants rouges, les torchères, dans la frénésie du commerce mondial, et la puissance économique des « cinq tigres asiatiques ».

La vie à bord est plus calme. Comme sur tous les navires à quai les marins s'activent à des travaux de bord, coups de peinture bleue ou blanche et petites réparations. Si les cabines à bâbord ouvrent sur les toits sans intérêt du terminal passagers, la mienne à tribord offre le spectacle des navires en chargement ou en déchargement. C'est sur la ligne qui depuis Londres ralliait Bombay puis Singapour que les Anglais, friands d'acronymes, avaient inventé l'adjectif *posh*, abréviation de *Port out Starboard home*, soit « bâbord aller tribord retour », qui promettait dans les deux sens d'apercevoir au loin les côtes. On lit cet éloge du snobisme dans un autre roman de Jules Verne, *Le Tour du monde en quatre-vingts jours* : « Quant à voir la ville, il n'y pensait même pas, étant de cette race d'Anglais qui font visiter par leur domestique les pays qu'ils traversent. »

Je n'envisage pas de mettre pied à terre mais je n'ai pas pensé à embarquer avec mon valet, qui au retour me décrirait les grands bouddhas d'or sur les rives de la Chao Phraya, surtout déposerait devant moi, sur la table de la terrasse, le *Bangkok Post* que je lui aurais demandé d'acheter en ville. Comme il existe de « gros mangeurs » de gâteaux, je suis un « gros lecteur » de journaux. Dans le peu de langues bien sûr que je connais. Mais partout se lisent des titres en anglais, en espagnol ou en français : assis devant *Le Rénovateur* à Vientiane au Laos, à Tanger *Le Matin du Sahara*, le *Tanzania Today* à Dar es-Salaam ou *El Popular* à Iquitos, le monde vient à vous qui l'accueillez, ordonné, depuis l'actualité internationale jusqu'aux faits divers locaux.

Partout en France je déguste la « PQR », la « presse quotidienne régionale », sacrifie à la cérémonie cigarettes et cafés devant *La Dépêche du Midi* ou *L'Éclaireur de Chateaubriant*, *Presse-Océan* ou *Le Télégramme de Brest* ouverts sur les tables des bars-tabac, leur « une » frappée du tampon encreur de l'établissement, après avoir posé la rituelle question : « C'est celui du bistrot ? », comme ailleurs parfois on vous propose « *La Stampa, Signore ?* », calé dans les fauteuils club des fumoirs, devant les cannes porte-journaux des grands cafés de l'Europe centrale ou de l'Italie au milieu des boiseries vernies, où l'on passait autrefois les pages au fer tiède, afin que l'encre fraîche ne vous noircisse pas les doigts.

« Who want yersterday's papers ? », chantait Mick Jagger. *I want* ! Les journaux se bonifient dans l'ombre des bibliothèques comme le vin dans les caves, nous offrent de voyager dans le temps aussi bien que les millésimes des vendanges. À la lecture des papiers de Cendrars et de Colette dans ceux de mai 1935 j'étais à bord du *Normandie* pour sa croisière inaugurale. Lorsque pour écrire *Taba-Taba* j'avais entrepris un tour de la France au volant, j'avais emporté à Dole dans le Jura un exemplaire de *La Vie doloise* du samedi 16 mai 1931, que mon grand-père gymnaste avait conservé entier, plutôt que de découper l'article sur ses hauts faits sportifs. Sa lecture m'avait appris la contravention reçue par un ci-devant cycliste qui « circulait à bicyclette, sans lanterne, vers minuit, mardi dernier, lorsque les gendarmes le rencontrèrent et lui dressèrent procès-verbal », entrefilet qui donnait une idée de l'ampleur de la délinquance urbaine des années trente. Dans la même parution se lisaient les prémices de la guerre civile en Espagne, les menaces allemandes sur l'Autriche. Nous qui connaissons la suite terrible du feuilleton, fantômes du futur que nous sommes, l'envie nous vient d'alerter les lecteurs sur l'approche de la catastrophe. Et comment ne pas imaginer d'autres lecteurs qui ne sont pas nés encore, et dans un siècle, à la lecture des nouvelles de ce matin, voudraient nous avertir des horreurs qui nous attendent.

Ainsi les journaux, le temps passant, deviennent des romans sans fiction pour qui nourrit ce goût des quotidiens, des journaux en papier comme des livres en papier, des kiosques comme des librairies et des bureaux de tabac. La dernière page lue, le journal replié, on songe à la phrase de Jorge Luis Borges qu'on peut traduire ainsi : « Grand lecteur de journaux, il lui en coûta d'abandonner ces musées de détails éphémères. » Ce gymnaste qui fut mon grand-père avait appris dans la presse sans doute, en 1903, à l'âge de treize ans, le premier vol aérien motorisé, celui des frères Wright, et 66 ans plus tard, en 1969, avait appris les premiers pas d'un homme sur la Lune, à l'âge de soixante-dix-neuf ans. Ce premier aéroplane s'était élevé de quelques mètres au-dessus du sol et 66 ans plus tard une fusée atteignait la Lune. Quel serait l'équivalent d'une telle prouesse technique au cours des 66 années que je viens de vivre ? Peut-être cette activité à laquelle je me livrais ce matin, et que même le visionnaire Jules Verne n'avait pas imaginée à bord du *Great Eastern*, la lecture en ligne, sur un ordinateur portable, de la presse du monde entier dans une cabine de navire. Comme si depuis la Lune j'observais la planète au télescope : en ce jour de janvier 2024 le conflit s'intensifiait au Proche-Orient. De l'autre côté de la péninsule Arabique l'Iran et le Pakistan se bombardaient mutuellement. Le front était enlisé dans l'hiver ukrainien le long du Dniepr. Des drones lancés depuis le Yémen menaçaient les navires en mer Rouge. La navigation se voyait réduite de moitié sur le canal de Suez.

Venus de Bangkok, de nouveaux passagers s'installent, un peu égarés à leur tour dans les coursives ou les rues de la ville flottante. Le *Solstice* mettra le cap au sud puis au sud-est, passera l'île de Ko Chang où la France avait élevé un petit monument au souvenir de la bataille pendant laquelle, en 1941, la Marine nationale avait envoyé par le fond les bâtiments de la marine thaïlandaise soutenue par les Japonais. Cette seule victoire navale de toute la Deuxième Guerre mondiale fut une victoire du régime de Vichy, mais les marins n'avaient pas choisi leur affectation. Dans les jours suivants, le navire poursuivra sa descente vers le sud le long du Cambodge. À la hauteur de Kampot où sont les meilleurs poivriers, puis de Sihanoukville, j'imagine derrière les côtes les paysages de ces pays que j'avais traversés verticalement plein nord par le fleuve et la route par le lac Tonlé-Sap puis

Luang Prabang, jusqu'à Muang Sing et la frontière chinoise, pendant les années où je suivais à Phnom Penh le procès des Khmers rouges. Après avoir passé la pointe sud de Cà Mau, nous mettrons cap au nord-est vers le delta du Mékong. La navigation maritime à la différence de l'aérienne offre d'éprouver physiquement les distances, de changer l'heure de la montre au passage d'un fuseau horaire. La nuit je croise sur le pont supérieur des silhouettes somnambuliques encapuchonnées titubant un peu sous l'effet de la houle. Le vent forcit. Les transatlantiques – il n'existe pas de « transpacifiques » – ont été pliés, empilés et assurés. Une risée sur la mer puis un grain, et je descends dormir au pont 8.

Pendant ces journées à la mer, les hommes chargés des manivelles, l'une à la proue l'autre à la poupe, ont préparé les nouvelles toiles peintes du panorama, et devant ma terrasse immobile c'est un matin la mangrove vietnamienne très verte dans une boucle de la rivière de Saïgon, eaux lisses et vert jade que survolent des cormorans. Je vois en transparence les milliers de paquebots qui glissèrent un jour ici. Le *Solstice* bleu et blanc de 315 mètres à deux cheminées est à l'arrêt sur ce méandre. Son tonnage lui interdit de remonter plus en amont, à la différence de l'*Oxus* de 125 mètres à cheminée unique des Messageries maritimes, à bord duquel le pasteurien Alexandre Yersin en provenance de Marseille voyait pour la première fois cette rivière en 1890, rivière que remontait plus tard, en 1906, le révolutionnaire indien Pandurang Khankhoje à bord du *Yarra* de ces mêmes Messageries maritimes en provenance de Bombay, paquebot de 130 mètres à deux cheminées. Les berges se resserraient autour d'eux. Ces navires parvenaient à vitesse lente jusqu'au quai de l'Arsenal en bas de la rue Catinat devenue Dong Khoï, rue qu'il suffisait de suivre sur quelques centaines de mètres pour atteindre le Plateau, la cathédrale Notre-Dame en briques rouges de Toulouse et la poste de Gustave Eiffel, tout cela à plusieurs dizaines de kilomètres de ce méandre, au cœur de Saïgon devenue Hô Chi Minh-Ville. Depuis la mangrove, une libellule s'invite en passagère clandestine et se pose devant moi sur la main courante. Un petit bateau de pêche, deux hommes à bord, jette ses filets dans la rivière.

À partir d'ici, j'emprunterai le parcours plein nord de ce qui fut la ligne maritime régulière de Saïgon à Hanoï, avec escales à Nha Trang puis à Hué, ligne sur laquelle servit un temps Yersin comme médecin de bord. Et c'est ainsi qu'il découvrit la splendeur de la baie de Nha Trang où il allait finir par s'installer, vivre cinquante ans, jusqu'à sa mort, dans ce village de pêcheurs, baie dans laquelle j'entre comme lui quelques jours plus tard, depuis la mer pour la première fois. Sur cette ligne s'était nouée, au long des traversées, son amitié avec le capitaine Flotte, le Nazairien, mais aucun romancier de fiction n'aurait affublé un capitaine d'un tel patronyme, vieux briscard des mers jaunes, qui finirait sa vie à l'hôpital des maladies tropicales de Bordeaux.

Après de fréquentes arrivées à Nha Trang par la route dans le passé, depuis Cam Ranh ou Dalat, cette fois je vois de près l'horreur de l'île de Vinpearl devant laquelle nous mouillons, île dévolue aux loisirs, mur ininterrompu d'immeubles identiques derrière lequel se dresse un château médiéval de conte de fées, une grande-roue, un téléphérique, sur cette île boisée qui était encore vierge à la mort de Yersin ici en 1943 pendant l'occupation japonaise, il y a quatre-vingts ans, à l'âge de quatre-vingts ans, et cette modernité, il y avait lui-même contribué avec la fondation de son propre Institut Pasteur, lui le premier installateur de l'électricité, importateur des autoclaves et des réfrigérateurs, d'un canot à moteur, d'un projecteur de cinéma, mais sans lui, plus tard ç'aurait été un autre, et tout cela avait contribué à la laideur du monde. La littérature de non-fiction pourrait mentir par omission, cacher l'exécrable, effacer Vinpearl, ou la reboiser, en deux phrases lui rendre son mystère sauvage. Certains, dans le futur, ce présent à son tour devenu passé, ne manqueront pas d'en regretter les reliquats de beauté disparue.

Au bar fumeur du pont 14, le MastBar ou Café du Pied-de-Mât, un vieil homme asiatique s'est adressé à moi en français pour avoir lu les indications sanitaires sur mon paquet de tabac. Il ne connaît que quelques mots et notre conversation se poursuit en anglais. C'est un « boat people » qui a fui le Nord-Vietnam en 1979 après quatre ans de camp de rééducation, me dit-il. Il vit depuis à Houston-Texas, a quatre-vingt-trois ans, est accompagné de sa femme et de sa fille, laquelle ne parle pas le vietnamien. Peu attentif aux escales intermédiaires, il avance sur ses propres traces alors que nous approchons de Hanoï où il est né. Je lui apprends que nous sommes au mouillage devant Nha Trang. Il connaît le nom d'Alexandre Yersin, qui vivait encore ici l'année de sa naissance.

Mais avant Hanoï et le Nord-Vietnam, le *Solstice* touche à nouveau la côte près de l'embouchure de la rivière des Parfums qui mène à Hué. Depuis plus de vingt-cinq ans, j'embarque dans ce projet *Abracadabra* une petite bande de vagabonds qui glissent de livre en livre et partagent ces jours-ci ma cabine. Si Alexandre Yersin est membre de cet équipage depuis *Kampuchéa* en 2011, Pierre Loti est à bord depuis *Équatoria* en 2006, lorsque j'avais traversé l'Afrique de l'océan Atlantique à l'Indien. En août 1883, officier de marine, Loti avait été sanctionné pour avoir fait paraître sans l'accord de sa hiérarchie trois articles anticolonialistes dans *Le Figaro* dénonçant le débarquement des troupes en Annam. Depuis la passerelle il avait suivi les opérations à la jumelle. « À deux heures vingt, l'escadre arrive devant l'entrée de la rivière de Hué. Au premier plan, une côte de sable, étincelante dans le soleil, quelques cocotiers aux panaches verts, quelques maisons aux toits arqués dans le goût chinois. Un seul grand fort apparent, gardant l'entrée de la rivière, où la mer brise. L'escadre approche avec précaution, en sondant, mouille le plus près possible, et s'embosse, en hissant les pavillons français pour commencer le bombardement. »

Nous ne sommes pas en été mais en hiver. Depuis le pont du *Solstice* je ne peux distinguer cette « côte de sable étincelante dans le soleil ». Ces mots me renvoient à l'enfance plutôt qu'à la guerre. On ne peut observer une dune à la jumelle quand c'est à la loupe, à genoux dans le sable, qu'il convient de contempler son minuscule théâtre, le liseron soldanelle aux délicates fleurs roses et la lavande de mer, la roquette des sables et la giroflée marine, la laîche où se dissimule le criquet des dunes, où volette le papillon azuré de l'ajonc, et l'évocation de ce paysage dunaire me renvoyait à l'embouchure de la Loire et aux étés de l'enfance sur « une côte de sable étincelante dans le soleil ». La vision lointaine au-dessus de l'eau suscite le mirage. Dans son livre *Terminal Frigo*, Jean Rolin écrit le plus bel éloge de cette étendue marine entre le phare du Petit-Maroc et la Porte monumentale du Lazaret de Mindin : « Vers 2 heures de l'après-midi, à marée basse et par calme plat, les eaux jaune paille de l'estuaire, vues de haut, par exemple du toit de la base sous-marine ou du balcon d'un appartement situé dans les étages supérieurs du Building, apparaissent aussi figées qu'une banquise. La seule chose qui ne colle pas avec cette banquise, c'est la rive adverse, dont la platitude et la végétation dense, ou donnant de loin l'illusion de la densité, évoquent plutôt la mangrove, et donc les Tropiques. »

Pour la première fois je descends à terre, me rends à la Cité impériale dont les marins de Loti s'étaient emparés. Une pluie froide fait reluire au sol les pavés, aux murs des palais les céramiques rouges et bleues, aux angles des toits les dragons jaunes. Si en 1883 les marins avaient investi les lieux sans les détruire, c'est en mai 68, pendant l'offensive du Têt lancée par les Vietcongs, que la Cité avait subi les ravages de la guerre, des combats de guérilla urbaine au corps à corps, palais par palais, temple par temple, l'incendie des autels des mandarins et des dynasties impériales. Dans la Cité interdite toujours en rénovation, se voit une curieuse stèle gravée selon laquelle, en 1959, cinq ans après Diên Biên Phu et le départ des Français, l'empereur Ham Nghi, dont j'étais allé en Polynésie écrire la vie grâce aux archives saïgonnaises de l'École française d'Extrême-Orient, avait été ajouté au panthéon des empereurs vénérés pour patriotisme, lui pourtant devenu traître à Alger, plus tard peintre impressionniste inspiré par Gauguin, exposé au musée Guimet, et qui repose en Dordogne.

Après les lointaines chaleurs équatoriales de Singapour, le froid au long de ces journées s'installe à mesure que nous montons au nord, huit degrés en mer et crachin, creux, brumes, vagues crêtées d'écume et roulis. L'accès aux ponts extérieurs est fermé, l'équipage en bottes et cirés. Après avoir navigué sous les averses au milieu des îlots verticaux coiffés de végétation, lacérés de racines courant sur leurs falaises, îlots en équilibre fragile sur leur base rongée par l'érosion des marées, le *Solstice* vient à quai à Ha Long. Nombre de passagers quittent le navire à cette dernière escale vietnamienne pour poursuivre leur séjour à Hanoï, parmi lesquels l'ancien « boat people » devenu texan et sa famille, de retour sur les lieux de la première moitié de sa vie, dans ce pays fui à l'âge de trente-huit ans. Sur l'eau croisent de petites jonques comme j'en avais loué une à mon seul usage en février 2011, après avoir rencontré, le temps d'un *ca phé* sur le port, une grande fille triste en blouse jaune qui avait quitté la rizière pour s'engager cuisinière sur une jonque et vivre sa vie. J'étais parti m'enfermer dans un autre port non loin d'ici, à Haïphong, le 21 février 2011, où je me souviens d'avoir lu dans *Le Courrier du Vietnam* l'annonce de l'extinction probable, avant 2022, du tigre du Mékong.

Apparition aujourd'hui à l'Oceanview Café d'une cargaison de ramboutans vers lesquels se ruent les passagers asiatiques comme des marcheurs du désert vers une bouteille d'eau tombée du ciel. J'aimerais avoir accès au deuxième bateau dissimulé, aux réserves de nourriture pour quatre mille personnes renouvelées aux escales, aux hangars dans les soutes, chambres froides et cuisines. On n'embarque plus depuis longtemps de bestiaux vivants comme c'était encore le cas sur le *Yarra* en 1906, lorsque le brahmane Pandurang Khankhoje, écœuré par le sacrilège, mais assuré de la rédemption par son dévouement à la révolution, devait sur le pont nettoyer l'abattoir des résidus de vaches sacrées que découpaient les bouchers mécréants.

J'aimerais surtout pouvoir descendre dans la salle des machines comme j'en ai fait la demande au prétexte d'écrire un texte sur le navire. Il me semblait que cette longue escale pouvait être le moment mais j'attends toujours la réponse.

Grande activité dans le port, pétroliers, barges à pousseurs, bateaux de pêche, et l'on peut encore une fois vérifier que le monde du lamanage, dans ses paysages, de quais, de grues, offre davantage de beauté dans son efficacité, son pragmatisme, que celui des décorations et fioritures. Les marins de chaque embarcation, dans une économie de gestes, viennent reprendre leur coffre ou lancer les haussières pour l'amarrage. La rigueur des ports est minérale. Elle allie la précision de la grammaire et le goût de la métrique. La rectitude du quai sépare d'un trait la culture des hommes du clapot instable et menaçant de la nature. Cette coupure nette entre la sauvagerie marine et la civilisation terrestre qu'on lit chez Baudelaire, c'est aussi celle qu'évoquent les phrases de Valéry que j'avais choisies pour emblème de l'appartement des écrivains au sommet du Building, depuis lequel un balcon « offre au regard à la fois l'humain et l'inhumain ».

Penché sur le bastingage à la verticale du quai, j'observe les va-et-vient depuis le pont 5 dont les portes sont ouvertes. Embarquements et débarquements s'effectuent à bâbord, comme on entre dans les avions par le côté gauche, comme on appuie sur l'étrier gauche pour monter à cheval, puis je lève les yeux au ciel. Et ces très nombreux rapaces que je me souviens d'avoir observés dans cette baie des années plus tôt, et dont je vois les descendants planer aujourd'hui, certains si haut qu'ils ne sauraient distinguer une proie au sol, que leur plongée même en piqué depuis une telle altitude ne saurait surprendre avant sa fuite, que font-ils donc, lors de ces grands cercles, leurs ailes de large envergure immobiles, que font-ils d'autre que vivre leur vie, savourer peut-être comme nous la solitude et le bel ennui, admirer la végétation hirsute au sommet des îlots qui parsèment la baie.

C'est à cette escale que j'ai pu pénétrer une première fois dans le deuxième bateau enfilé dans celui des passagers, les coulisses ou les entrailles, visiter la cuisine centrale au pont 4. Au long de ces journées calmes et solitaires dans ma cabine, j'avais été davantage impressionné par la démesure du *Great Eastern* à la lecture de Jules Verne que par la dimension du *Solstice* pourtant plus long, dont j'arpentais les coursives comme les rues d'un village.

Mais dans une commune de deux mille quatre cents habitants, ce sont des centaines de cuisines éparpillées dans les maisons et les appartements, peut-être au centre du bourg un restaurant. Dans un laboratoire d'acier nickelé s'affairaient cent vingt-cinq cuisiniers, rôtisseurs, pâtissiers et sauciers pour livrer les dizaines de milliers de plats des différents lieux de restauration du bord, nourrir les milliers de passagers et de membres d'équipage, derrière les pianos de cuisine et les alignements d'ustensiles les stocks de centaines de tonnes de denrées, de viandes et de fromages et de fruits, les caves où dans l'obscurité à température constante patientent les vins. Une telle profusion n'est pas de nature à susciter l'appétit. La solitude et le retrait atteignaient ici leur limite : je ne pouvais cuisiner une tambouille sur un réchaud dans ma cabine, ni allumer un brasero sur ma terrasse.

avec le sous-marinier

Alors que nous avions quitté les côtes du Vietnam pour celles de la Chine, naviguions sur cette mer que les Vietnamiens ne veulent pas qu'on appelle la mer de Chine, apercevions au loin le rivage de la grande île de Haïnan dans la brume, j'avais enfin reçu l'invitation à descendre au pont 2 dans la salle des machines.

À la différence du *Great Eastern*, pas ici de chauffeurs couverts de sueur pour enfourner à la pelle le charbon dans la gueule des chaudières, ni un alignement de turboalternateurs éléphantesques comme celui que décrivait Cendrars à bord du *Normandie*. Les quatre moteurs sont isolés deux par deux, chacun enfermé dans une longue boîte métallique ou sarcophage d'une dizaine de mètres de part et d'autre de la salle des commandes. Leur puissance atteint quarante et un mille mégawatts quand c'était six mille à bord du *Great Eastern*. Quatre techniciens les observent derrière les écrans de contrôle et les ordinateurs. En compagnie du sous-marinier brestois qui partage ma curiosité, j'écoute les informations du chef mécanicien grec en uniforme blanc à épaulettes. Le *Solstice* est parti cuves pleines de Singapour et depuis il ballaste en mer pour compenser la perte de poids du carburant consommé, il ne soutera pas avant Hong Kong. Le sous-marinier l'interroge sur le fonctionnement des pods latéraux et des foils immergés antiroulis, le traitement des résidus de soufre et des déchets, des eaux grises et des eaux noires. Selon le chef mécanicien, le navire propulsé par le système Azipod est propre et sobre, même si moins récent que ses successeurs commandés par la compagnie aux chantiers de Saint-Nazaire, à mesure que durcissent les normes environnementales, et progresse la conception des moteurs au gaz liquéfié.

De retour sur le pont supérieur, c'est à mon tour d'interroger le sous-marinier. Je lui dis avoir écrit la vie de nombre de ses devanciers à l'École navale de Brest, parmi lesquels Savorgnan de Brazza et Pierre Loti, Albert Calmette et Auguste Pavie. Il me parle de ses missions pendant des mois vingt mille lieues sous les mers, parfois sous la banquise, et de la procédure du feu nucléaire. Contrairement à ce qu'on voit dans des films d'action à suspens, le doigt tremblant au-dessus du bouton rouge et la sueur au front à l'idée d'anéantir une ville, de rayer de riposte en riposte la vie de la surface de la planète, un tel cas de conscience, me dit-il, est impossible. C'est un exercice de routine. Souvent vient l'ordre du tir, l'entrée des trois codes, celui de l'Élysée, celui du commandant et celui du second, chacun de ces deux-là dans des postes séparés, puis s'affiche sur l'écran le message « Exercice », et chacun reprend son activité à bord.

Accoudés sur la lisse, nous regardons les vagues à la verticale. Depuis l'entrée dans les eaux territoriales chinoises, la connexion satellitaire Starlink est brouillée et Internet inaccessible, en ces lieux où une intervention de la Chine populaire pour s'emparer de l'île de Taïwan l'amènerait un jour à brandir la menace nucléaire.

Bientôt la marine de guerre chinoise sera la plus puissante du monde sans compter la marchande, dit-il, et les navires de pêche utilisés pour forcer les eaux territoriales des Philippines et du Vietnam, installer des bases sur les îles contestées, y tracer des pistes d'aviation. Lors d'un dîner quelques mois plus tôt, où le hasard m'avait placé en compagnie du président de Business France, du ministre de l'Économie et du président d'Airbus Guillaume Faury, la Chine et Saint-Nazaire étaient venues dans la conversation. L'industrie aéronautique était née près des chantiers navals, utilisait les mêmes techniques. On construisait à

Saint-Nazaire des avions depuis un siècle, l'hydravion *Richard Penhoët* en 1923 puis le *Loire 130*, le Vautour, la Caravelle, jusqu'aux tronçons d'Airbus que transporte l'énorme Beluga vers les sites d'assemblage. Bien que le savoir-faire en matière de paquebots demeure européen, l'équivalent d'un Airbus naval, lequel réunirait les chantiers de Saint-Nazaire, l'Italien Fincantieri de Trieste et l'Allemand Meyer Werft de Papenbourg était inimaginable.

Les capitaux voyagent plus vite en ce domaine que les navires et les avions. En 2006, trois ans après le lancement de *Queen Mary 2*, le groupe Alstom avait cédé les chantiers nazairiens au groupe Aker Yards. Dès l'année suivante, le norvégien en mauvaise posture avait été racheté par surprise à la Bourse d'Oslo par le sud-coréen STX Offshore & Shipbuilding, avant que celui-ci, en faillite à son tour en 2017, mis en vente à Séoul, ne soit repris par le chantier Fincantieri. Celui-ci était en lien avec le groupe China State Shipbuilding Corporation. L'opération présentait le risque d'un cheval de Troie chinois.

Déjà du temps d'Alstom, qui avait voulu en 2001 recentrer son activité sur les paquebots, les chantiers de Saint-Nazaire avaient délaissé, par transfert de technologie, la production des navires méthaniers au chantier Hudong-Zhongha de Shanghai. L'inquiétude était grande de voir de facétieux Chinois venir inscrire en cachette « Made in China » sur la quille des successeurs du *France*. L'État actionnaire voulait garder la main sur le seul chantier capable de construire un porte-avions nucléaire. Fincantieri avait été peu à peu évincé. Bruno Le Maire avait annoncé en 2018 la nationalisation provisoire du chantier et s'était rendu à Saint-Nazaire. Le capital était depuis verrouillé, partagé entre l'État, Naval Group, les salariés et des entreprises locales. Il avait assisté à une cérémonie des pièces d'or. Le lieu retrouvait son nom historique : « Chantiers de l'Atlantique ». À La Marine, malgré la valse des propriétaires, on avait toujours dit « travailler aux Chantiers ».

Le sous-marinier au long de sa vie avait vu partout la puissance des paysages portuaires. Il avait un temps vécu à Lorient où il côtoyait l'officier de marine Éric Tabarly qui surveillait l'armement de ses *Pen Duick*. Il connaissait la base sous-marine de Saint-Nazaire dont l'écluse fortifiée accueille l'*Espadon*, sous-marin ouvert à la visite. Il préférait le terme « base de sous-marins ». Saint-Nazaire est en zone submersible. Et je pensais que l'élévation annoncée du niveau des océans pourrait un jour amener cette base à devenir sous-marine. C'est en plongée qu'on la visiterait, ainsi que la Porte monumentale du Lazaret de l'autre côté de l'estuaire disparu. Les lieux seraient à jamais engloutis au fond de la mer et de la mémoire des hommes.

La dernière fois, j'étais arrivé sur l'île de Hong Kong en ferry depuis Macao. C'était à Repulse Bay au pied de la forêt des gratte-ciel me semble-t-il, une quinzaine d'années plus tôt, le souvenir d'un très bel après-midi, bien entouré, nous étions quatre, après un déjeuner de fruits de mer et de poisson en terrasse, et j'ai retrouvé la plage ce matin. J'étais allé voir cette année-là au musée de la Médecine le buste peu ressemblant d'Alexandre Yersin, découvreur ici du bacille de la peste. Aujourd'hui j'ai déjeuné dans le centre non loin du Peninsula de Salisbury Road qui est l'équivalent à Hong Kong du Raffles de Singapour, après avoir souhaité à Ahmed, le majordome du pont 8, une bonne route pour la traversée transocéanique jusqu'à Vancouver. J'allais regagner mon port d'attache et les navires en construction.

C'est à Saint-Nazaire que l'enfant Jules Verne avait découvert l'étendue de la mer jusqu'à l'horizon, imaginé les Amériques au-delà. Dans *Une ville flottante*, il mentionne le paquebot *Pereire*, du nom des fondateurs saint-simoniens de la Compagnie générale transatlantique à Saint-Nazaire. La rue devant l'ancienne gare maritime devenue théâtre porte ce nom. Dix ans plus tard, c'est à bord du même *Pereire* que les héros de son roman

Le Superbe Orénoque embarquent à Saint-Nazaire pour La Havane. Dans quelques jours, comme eux à la dernière page du livre, à mon tour je serai de retour « en Europe, en France, en Bretagne, à Saint-Nazaire ».

retour à la bibliothèque

Pas davantage qu'on ne choisit le siècle ni le lieu de sa naissance, ni le paysage, de mer ou de montagne, sur lequel porteront les premiers regards, on se saurait prévoir, lorsqu'on imagine enfant écrire un jour des livres, quel sera le « paysage éditorial » quand des années plus tard on estimera enfin être parvenu à en écrire un.

J'avais à six ou sept ans entrepris de rédiger une version du roman *Les Travailleurs de la mer*, dont mon père mettait en scène une adaptation pour le théâtre du Lazaret de Mindin. J'assistais aux répétitions, ignorais qui était ce Victor Hugo, bien imprudent de confier une si belle histoire au public assez particulier de notre hôpital psychiatrique, souvent peu attentif, voire exagérément exubérant, et voulais la sauver par l'écrit. Après l'échec de cette première tentative, j'avais repoussé à plus tard toute entreprise littéraire.

Lorsqu'à vingt-trois ans, ces exercices d'écriture étaient devenus mon activité principale, au Moyen-Orient, je ne connaissais encore ni un écrivain ni un éditeur. Avec obstination, j'avais poursuivi pendant six ans, à la lecture de la bibliothèque, cet apprentissage, emportant carnets et brouillons en Afrique. On se dirige vers la maison d'édition dont le catalogue vous a le plus apporté, le plus impressionné. C'était Minuit. Le Nouveau Roman. Les œuvres de Simon, Beckett, Duras, Robbe-Grillet que des années plus tard j'inviterais dans la base sous-marine de Saint-Nazaire. Peut-être aussi, informulée, pesait alors la vénération que mon père, né la même année que Jérôme Lindon et comme lui résistant des maquis, portait à cette maison d'édition fondée dans la clandestinité en 1942, dont il conservait dans sa bibliothèque les exemplaires jaunis des livres de Vercors. Après avoir publié dans ce catalogue cinq romans, jusqu'à la fin du siècle, ceux-ci seraient repris en un seul volume de poche aux Éditions du Seuil sous le titre Minuit.

On devient écrivain le jour où un éditeur vous adoube. Quelques minutes avant l'appel téléphonique de Jérôme Lindon un matin de décembre 1986 je ne l'étais pas, reposant le combiné je l'étais. À vingt-neuf ans, je publiais ainsi un premier « roman de fiction » et à trente-neuf ans, après avoir cherché pendant des années une forme nouvelle, je choisissais d'abandonner la fiction. Denis Roche, poète et photographe, avait créé en 1974 au sein des Éditions du Seuil la collection « Fiction & Cie » afin d'accueillir des livres de tous les genres littéraires. Je serais dans la « Cie ».

Après que deux premiers titres y avaient paru, c'est à Bernard Comment, qui reprenait la direction de cet îlot, que j'avais exposé un jour dans son bureau le projet *Abracadabra*. Je lui tendais une feuille, sur laquelle figurait la liste des douze « romans sans fiction » que je voulais écrire, sur douze lieux de la planète, dont je reprendrais l'histoire en accéléré, de 1860 à nos jours.

Leur progression géographique devait être inexorable. Les six premiers boucleraient un tour du monde de l'ouest vers l'est. Eastbound. Les deux titres déjà parus, *Pura Vida* en Amérique centrale, du Guatemala au Panama, et de l'autre côté de l'Atlantique *Équatoria*, une traversée de l'Afrique à hauteur de l'équateur, de l'océan Atlantique à l'Indien, m'amenaient à Zanzibar. J'allais écrire *Kampuchéa* en Asie du Sud-Est, au Laos et au Cambodge. Plus à l'est, *Peste & Choléra* se terminerait à Nha Trang dans l'actuel Vietnam où Alexandre Yersin avait fini sa vie. En face, de l'autre côté du Pacifique, *Viva* commencerait à Acapulco avec l'arrivée de Malcolm Lowry au Mexique et s'achèverait de l'autre côté du pays avec l'embarquement d'Antonin Artaud à Veracruz, sur la ligne transatlantique régulière pour Saint-Nazaire avec escale à La Havane. J'écrirais alors un tour de la France, *Taba-Taba*, à partir d'archives familiales depuis le Second Empire, tour de la France au volant pendant deux ans, complété par un tour du monde sur tous les continents à la recherche de petites traces françaises. Ce livre, le sixième, serait le milieu, et le pivot du projet, un demi-tour, après quoi j'entamerais une deuxième série de six romans sans fiction de l'est vers l'ouest. Westbound. *Amazonia* serait l'image inversée en miroir d'*Équatoria*, une traversée est-ouest du sous-continent latino-américain à hauteur de l'équateur, sur l'Amazone au Brésil et au Pérou, puis la cordillère des Andes jusqu'à l'archipel des Galápagos. Après quoi, descendant au sud-ouest j'écrirais *Fenua* et une histoire de la Polynésie avant de remonter au nord-ouest pour écrire *Samsara* en Inde, puis je gagnerais la péninsule Arabique pour le dixième livre, lequel serait suivi d'un livre méditerranéen, pour atteindre enfin l'Europe avec le douzième et dernier titre. Bernard reposait la feuille, fronçait les sourcils.

C'était l'histoire de trente ans, pas plus, lui assurai-je.

Un tel projet me permettrait de mener des recherches au long cours, d'emplir des dizaines de carnets de notes de lectures et de voyages et d'entretiens destinées à des livres futurs. Ainsi à Singapour, avant de monter à bord du *Solstice*, j'avais cherché dans le quartier malais les traces de la présence omanaise dans la mosquée Masjid Sultan de la Muscat Street. Dix ans avant *Viva*, livre dans lequel je voulais écrire la vie de Tina Modotti au Mexique, je m'étais rendu à Biarritz où se tenait une exposition de ses photographies. Ainsi en 2009 j'étais allé visiter à Madrid une rétrospective des œuvres de la peintre Tarsila do Amaral, qui avec son mari, le poète Oswald de Andrade, avait accueilli Blaise Cendrars au Brésil dans les années vingt, rencontre que je prévoyais d'écrire, des années plus tard, dans *Amazonia*.

La Fondation Juan March avait à l'occasion de cette exposition réédité en fac-similé *Feuilles de route* de Cendrars, dont la couverture était un dessin de Tarsila. Au dos du livre, les Éditions Au Sans Pareil, rue du Cherche-Midi, mentionnaient leurs douze parutions de cette année 1924, des livres de Louis Aragon, Alexandre Blok, André Breton, Blaise Cendrars, Philippe Datz, Paul Éluard, Max Jacob, Paul Morand, Jean Paulhan, Georges Ribemont-Dessaignes, Philippe Soupault et Jacques Vaché. Après avoir lu cette liste, j'avais cherché qui était Philippe Datz dont j'ignorais encore l'existence, ainsi que celle de son roman *Jours fériés*. De brèves recherches m'avaient permis de trouver une lettre de 1925, envoyée depuis l'Italie par Max Jacob à Jean Cocteau, laquelle faisait l'éloge de Philippe

Datz. Il est toujours étonnant de découvrir un auteur que le hasard, pendant des années, vous avait dissimulé.

Devenir lecteur est l'œuvre d'une vie. Il ne suffit pas de lire des livres pour être lecteur mais de lire la bibliothèque. Il ne suffit pas d'éditer des livres pour être éditeur mais d'éditer des auteurs, d'attendre avec patience que ceux-ci, de livre en livre, rencontrent leurs lecteurs. Il y faut du temps et de l'acharnement, élaborer un catalogue où les livres se répondent et peut-être s'enrichissent. Depuis des dizaines d'années, les deux trajectoires du projet *Abracadabra* et du projet de la Maison des écrivains étrangers et des traducteurs n'étaient pas des voies parallèles mais des tresses, inextricablement liées. L'édition des panoramas bilingues m'offrait de découvrir des centaines d'œuvres. Des dizaines d'auteurs apparaîtraient dans ces douze romans sans fiction et constitueraient ma bibliothèque idéale. Écrivant *Équatoria* j'éditerais et inviterais à Saint-Nazaire des écrivains angolais, écrivant *Kampuchéa* j'éditerais et inviterais des écrivains cambodgiens. La littérature est entreprise de longue haleine. En cet automne 2024, alors que paraîtront ces pages sur Saint-Nazaire à l'occasion des cinquante ans de la collection « Fiction & Cie », paraîtra dans la collection « Les Bilingues » de la Meet un livre de l'écrivain bolivien Rodrigo Hasbún.

Il avait découvert l'existence du port de Saint-Nazaire à la lecture du livre de Ricardo Piglia *Une rencontre à Saint-Nazaire.* Il avait croisé une fois l'écrivain argentin à Barcelone en 2004, avant sa mort en 2017 à Buenos Aires, trente ans après son séjour au Building. Alors qu'il entrait en juin 2022 dans cet appartement à son tour, à la verticale de l'écluse et du pont levant, Rodrigo Hasbún prenait conscience, écrit-il dans son livre, que « Reinaldo Arenas, Marosa di Giorgio, et Ricardo Piglia, parmi tant d'autres, ont vécu ici pendant un ou deux mois, qu'ils ont déambulé dans ces pièces, qu'ils ont regardé par ces fenêtres ». Pendant les deux mois de son séjour, il lira dans la bibliothèque les titres de la collection « Les Bilingues », dont *Missels* de la poétesse uruguayenne Marosa di Giorgio, avec qui j'avais organisé la première édition du Prix de la jeune littérature à Montevido, annotera le catalogue de ses devanciers. Lorsqu'on se tient debout devant sa propre bibliothèque, on conçoit comment les livres dressés sur leurs rayonnages entrent en contact silencieux les uns avec les autres, comment les multiples lectures, comme les racines des banians qui ruissellent entre les pierres des temples d'Angkor, les relient entre eux, comment le mycélium souterrain qui connecte les racines de tous les arbres d'une forêt connecte toutes les bibliothèques du monde et tous les lecteurs autour du globe, comment une lecture en suscite une autre, comment la navigation dans la bibliothèque offre au lecteur de vivre mille vies, comment le goût de ces listes que font parfois paraître les éditeurs à la fin d'un ouvrage, lorsque le calcul des cahiers libère quelques pages, permet de poursuivre la relation au livre qu'on tient encore en main, de ne pas trop vite le reposer, de demeurer encore quelques minutes en sa compagnie, et parfois de découvrir un nouvel auteur dans l'énumération de la collection.

Saint-Nazaire, le Building, mars 2024

remerciements

à celles et ceux qui veillent sur la fragile navigation de la Maison des écrivains étrangers et des traducteurs, en premier lieu Élisabeth Biscay à la barre depuis vingt ans, à Françoise Garnier, Alain Geffray, Jean-Luc Mahé, Michel Odiette, Jean-Michel Talbourdel, Marc Thibault, Jean-Paul Thomas, Pauline Thomas et Michel Rey.

Gardons le cap.

crédits

Du même auteur

Patrick Deville a reçu le Grand Prix de Littérature de l'Académie française pour l'ensemble de son œuvre, le prix Femina, le prix Fnac, le Prix des prix littéraires, le prix Roger Caillois de littérature française, le prix Joseph Kessel, et le prix Éric Tabarly du livre de mer.

AUX ÉDITIONS DU SEUIL
COLLECTION « FICTION & CIE »

Le projet Abracadabra (en cours)

Pura Vida
2004, et « Points », n° P2165

Équatoria
2009, et « Points », n° P3039

Kampuchéa
2011, et « Points », n° P2859

Peste & Choléra
2012, et « Points », n° P3120

Viva
2014, et « Points », n° P4116

Taba-Taba
2017, et « Points », n° P4845

Amazonia
2019, et « Points », n° P5231

Fenua
2021, et « Points », n° P5630

Samsara
2023, et « Points », n° P6271

AUTRES PUBLICATIONS

La Tentation des armes à feu
2006, « *Fiction & Cie* »

Sic transit
(Pura Vida, Équatoria, Kampuchéa)
2014, « *Fiction & Cie* »

Minuit
(Cordon-bleu, Longue vue, Le Feu d'artifice,
La Femme parfaite, Ces deux-là)
2017, « *Points Signatures* »

L'Étrange fraternité des lecteurs solitaires
2019, « *Fiction & Cie* »

Autour du projet Abracadabra

Deville & Cie
Rencontres de Chaminadour
2016, « *Fiction & Cie* »

Le Tapis volant de Patrick Deville
Entretien sur la littérature avec Pascaline David
2021, *Seuil / Diagonale*

Dans la même collection

Chloé Delaume, *Une femme avec personne dedans*
Gérard Genette, *Apostille*
Julien Péluchon, *Pop et Kok*
Maryline Desbiolles, *Dans la route*
Xabi Molia, *Grandeur de S*
Alain Veinstein, *Scène tournante*
Éric Nonn, *Par-delà le Mékong*
Emmanuel Loi, *Le Jeu de Loi*
Mauricio Ortiz, *Du corps*
Marilyn Monroe, *Girl Waiting*
Patrick Deville, *Peste & Choléra*
François Bon, *Autobiographie des objets*
Charly Delwart, *Citoyen Park*
Olivier Rolin, *Circus 2. Romans, récits, articles (1999-2011)*
Thomas Pynchon, *V*
Thomas Pynchon, *L'homme qui apprenait lentement*
Jocelyn Bonnerave, *L'Homme bambou*
Alain Mabanckou, *Lumières de Pointe-Noire*
Philippe Artières, *Vie et mort de Paul Gény*
Tiphaine Samoyault, *Bête de cirque*
Sophie Maurer, *Les Indécidables*
Norman Manea, *La Cinquième Impossibilité*
Jean-Christophe Bailly, *La Phrase urbaine*
Benoît Casas, *L'Ordre du jour*
Kevin Orr, *Le Produit*
Chantal Thomas, *L'Échange des princesses*
François Bon, *Proust est une fiction*
Chloé Delaume et Daniel Schneiderman, *Où le sang nous appelle*
Maryline Desbiolles, *Vallotton est inadmissible*
Emmanuel Loi, *Marseille amor*
Thomas Pynchon, *Vineland*
Thomas Pynchon, *Vente à la criée du lot 49*
René Crevel, *Les Inédits*

Maryline Desbiolles, *Ceux qui reviennent*
Frédéric Werst, *Ward* IIIe *siècle*
Kjersti A. Skomsvold, *La Vie au ralenti*
Julien Decoin, *Un truc sauvage*
Gérard Genette, *Épilogue*
Jean Hatzfeld, *Récits des marais rwandais*
Viviane Forrester, *Van Gogh ou l'enterrement dans les blés*
Raphaëlle Eschenbrenner, *Exil à Spanish Harlem*
Karine Miermont, *L'Année du chat*
Catherine Millet, *La Vie sexuelle de Catherine M.*
Patrick Deville, *Viva*
Thomas Pynchon, *Fonds perdus*
Arnaud Delrue, *Un été en famille*
Antoine Volodine, *Terminus radieux*
Patrick Deville, *Sic transit*
Olivier Rolin, *Le Météorologue*
France(s) territoire liquide, collectif
Alain Veinstein, *L'Introduction de la pelle*
Thierry Clermont, *San Michele*
Patrice Pluyette, *La Fourmi assassine*
Charly Delwart, *Chut*
Tiphaine Samoyault, *Roland Barthes*
François Chaslin, *Un corbusier*
Julien Péluchon, *Kendokei*
Jean-Marie Gleize, *Le Livre des cabanes*
Christian Thorel, *Dans les ombres blanches*
Roland Barthes, *Album. Inédits, correspondances et varia*
Chantal Thomas, *Pour Roland Barthes*
Maryline Desbiolles, *Le Beau Temps*
Alain Mabanckou, *Petit Piment*
Roland Barthes, *L'Empire des signes*
Philippe Sollers, *L'Amitié de Roland Barthes*
Olivier Rolin, *À y regarder de près*
Charles Robinson, *Fabrication de la guerre civile*
Autour d'Émile Benveniste, collectif
Alain Veinstein, *Venise, aller simple*

Xavier Girard, *Louise Bourgeois face à face*
Philippe Artières, *Au fond*
Deville & Cie. Rencontres de Chaminadour, collectif
Henri-Alexis Baatsch, *La Fin de la société carbonifère*
Éric Hazan, *Une traversée de Paris*
Jean-Christophe Bailly, Éric Poitevin, *Le Puits des oiseaux.*
Gigi Riva, *Le Dernier Penalty. Histoire de football et de guerre*
Denis Roche, *La Disparition des lucioles. Réflexions sur l'acte photographique*
Chloé Delaume, *Les Sorcières de la République*
Stéphane Audeguy, *Histoire du lion Personne*
Jacques Henric, *Boxe*
Gérard Genette, *Postscript*
Roland Barthes, *Cy Twombly*
Michel Braudeau, *Place des Vosges*
Xabi Molia, *Les Premiers. Une histoire de super-héros français*
Julien Decoin, *Soudain le large*
Evguénia Iaroslavskaïa-Markon, *Révoltée*
Amélie Lucas-Gary, *Vierge*
Alain Veinstein, *Papiers peints*
Sally Bonn, *Les Mots et les Œuvres*
Fabrice Gabriel, *Une nuit en Tunisie*
Patrick Deville, *Taba-Taba*
Chantal Thomas, *Souvenirs de la marée basse*
Stéphane Audeguy, *Une mère*
Marc Riboud, *La Jeune Fille à la fleur. Histoire d'une photographie par Philippe Séclier*
Anne Carson, *Atelier Albertine. Un personnage de Proust*
Serge Toubiana, *Le Temps de voir*
Gabrielle Schaff, *Passé inaperçu*
Jean-Christophe Bailly, *Un arbre en mai*
Rinny Gremaud, *Un monde en toc*
Julien Péluchon, *Prends ma main Donald*
Marina Skalova, *Exploration du flux*
Jean-Marie Gleize, *Trouver ici. Reliques & lisières*
Alain Mabanckou, *Les cigognes sont immortelles*

Fanny Taillandier, *Par les écrans du monde*
Patrice Pluyette, *La Vallée des Dix Mille Fumées*
Jean-Christophe Bailly, *Saisir. Quatre aventures galloises*
Leonard Cohen, *The Flame*
Pascal Quignard, *Angoisse et beauté*
Alain Fleischer, *Le Récidiviste*
Antoine Volodine, *Frères sorcières*
Jean-Pierre Martin, *Real Book*
Claire Richard, *Les Chemins de désir*
Chloé Delaume, *Mes bien chères sœurs*
Chantal Thomas, *East Village Blues (avec les photos d'Allen S. Weiss)*
Kaouther Adimi, *Les Petits de Décembre*
Julien Decoin, *Platines*
Patrick Deville, *Amazonia*
Patrick Deville, *L'Étrange Fraternité des lecteurs solitaires*
Bulle Ogier avec Anne Diatkine, *J'ai oublié*
Olivier Assayas et Raymond Depardon, *LA 82*
Jean-Marie Gleize, *Denis Roche. Éloge de la véhémence*
Denis Roche, *À Varèse. Un essai de littérature arrêtée*
Denis Roche, *Temps profond. Essais de littérature arrêtée 1977-1984*
Stéphane Audeguy, *Histoire d'amour*
Amélie Lucas-Gary, *Hic*
Alain Veinstein, *À n'en plus finir*
Jean-Christophe Bailly, *L'Imagement*
Tiphaine Samoyault, *Traduction et violence*
Thierry Clermont, *Barroco bordello*
Chantal Thomas, *Café Vivre. Chroniques en passant*
Chloé Delaume, *Le Cœur synthétique*
Lucy Ellmann, *Les Lionnes*
Sandra Lucbert, *Personne ne sort les fusils*
Xabi Molia, *Des jours sauvages*
Muriel Pic, *Affranchissements*
Patrick Boucheron, Bruno Allary, Isabelle Courroy, *Contretemps*
Stéphanie Solinas, *Guide du Pourquoi Pas ?*
Rainer Maria Rilke, *Lettres à un jeune poète*
Roland Barthes, *Marcel Proust. Mélanges*

Leonard Cohen, *Livre de la Miséricorde*
Anthony van den Bossche, *Grand Platinum*
Maryline Desbiolles, *Le Neveu d'Anchise*
Audrey Gaillard, *Justaucorps*
Gérard Garouste, Catherine Grenier, *Vraiment peindre*
Jean-Christophe Bailly, *Jours d'Amérique (1978-2011)*
Patrick Deville, *Fenua*
Éric Marty, *Le Sexe des Modernes. Pensée du Neutre et théorie du genre*
Fanny Taillandier, *Farouches*
Antoine Volodine, *Les Filles de Monroe*
Patrick Deville, *Le Tapis volant de Patrick Deville. Entretien sur l'écriture avec Pascaline David*
Perrine Lamy-Quique, *Dans leur nuit*
Jacques Henric, *La Nuit folle*
Léo Aupetit, Robin Leforestier, Lutèce Mauger, *Bande organisée*
Stéphane Audeguy, *Dejima*
Christophe Fiat, *Développement du sensible*
Laura Tinard, *J'ai perdu mon roman*
Maryline Desbiolles, *Charbons ardents*
Lucy Ellmann, *Les choses sont contre nous*
Etel Adnan, Laure Adler, *La Beauté de la lumière*
Antonio Tabucchi, *Écrire à l'écoute. Dialogues avec Bernard Comment*
Claro, *Sous d'autres formes nous reviendrons*
Alain Veinstein, *Poursuivre*
Jean-Christophe Bailly, *Une éclosion continue. Temps et photographie*
Chantal Thomas, *Journal de nage*
Diaty Diallo, *Deux secondes d'air qui brûle*
Kaouther Adimi, *Au vent mauvais*
Alain Mabanckou, *Le Commerce des Allongés*
Annette Wieviorka, *Tombeaux. Autobiographie de ma famille*
Gérard Garouste, Olivier Kaeppelin, *Le Banquet de Garouste. Autour d'un triptyque*
Patrice Pluyette, *Film fantôme*
Julien Decoin, *Temps calme, pleine tempête*
Virginie Poitrasson, *Tantôt, tantôt, tantôt*
Hans Ulrich Obrist, *Une vie in progress*

Philippe Forest, Rien n'est dit. *Moderne après tout*
Chantal Thomas, *D'un éventail à la Coupole*
Chloé Delaume, *Pauvre folle*
Patrick Deville, *Samsara*
Lisette Lombé, *Eunice*
Stéphanie Solinas, *L'Être plus. Itinéraire pour devenir soi-même*
Nathalie Piégay, *3 Nanas*
Hans Ulrich Obrist, *Les Conversations du Louvre*
Lou Reed, *Je serai ton miroir*
Antoine Volodine, *Vivre dans le feu*
Pascal Quignard, *Compléments à la théorie sexuelle et sur l'amour*
Leonard Cohen, *Un ballet de lépreux*
Jean-Christophe Bailly, *Temps réel*
Barbara Chase-Riboud, *J'ai toujours su*
Margarete Buber-Neumann, *Milena*
Chantal Thomas, *Journal d'Arizona et du Mexique*
Édouard Glissant, archives Hans Ulrich Obrist, *Dans un monde imprévisible, l'utopie est nécessaire*
Ulysse à Paris, collectif
Christine Barthe, *Ce que dit Lucie*
Anouk Schavelzon, *Le bleu n'abîme pas*
Donatien Grau, *Un autoportrait*
Clémentine Vergnaud, *Le Journal de Clémentine*